個性ハッケン！

―50人が語る長所・短所―

監修　田沼茂紀

4. 伝統に生きる

はじめに

あなたの個性《こせい》は、心の中にあります

みなさんは、自分の個性《こせい》について、考えたことがありますか。
「自分には何の個性《こせい》もない」と卑屈《ひくつ》になったり、「自分の個性《こせい》を発揮《はっき》できる人はいいな」とうらやんだり、だれしも自分の「個性《こせい》」について、考えなやんだことがあるのではないでしょうか。

あなたの個性《こせい》は、ほかの人にどう映《うつ》っているのでしょう。あなたの個《こ》性《せい》は、他人からは見えているのでしょうか。

大丈夫《だいじょうぶ》。個性《こせい》のない人などいません。あなたがあなた自身である限《かぎ》り、個性《こせい》はしっかりとあなたの心の中にあり、それはいつでも輝《かがや》いています。ただ、あなた自身が、その個性《こせい》に気づいているかどうか、それが問題です。

個性《こせい》は、形あるものとちがって、目で確《たし》かめることも、手でつかむことも、ほかの人に自信《じしん》を持って説明《せつめい》することもできません。それでも、個性《こせい》はまちがいなく人それぞれにあります。

大切なことは、それに気づき、大切に育み、大きく開花させようとする心を、自分自身が持っているかどうかです。

明日の未来《みらい》を「かけがえのない尊在《そんざい》」として生きるみなさん、どうぞ、自分の中にある「個《こ》性《せい》」を大切に育ててほしいと願《ねが》っています。

國學院大學教授《こくがくいんだいがくきょうじゅ》
田沼茂紀《たぬましげき》

この本の見方・使い方

この本では、登場する人物の長所と短所を、仕事や生き方とともに紹介《しょうかい》しています。シリーズ全体で50人が、同じテーマについて語っているので、読むことで多様な考え方に触《ふ》れられます。

長所・短所

登場する人物がインタビューで語った自分の長所・短所が、ひとめでわかります。

プロフィール

その人がどんな人物なのか、くわしい紹介《しょうかい》を読んでみましょう。

話してハッケン！

インタビューをもとに、キャラクターが自分や友達《ともだち》のことを考える話し合いを展開《てんかい》します。

読んでみよう！ 行ってみよう！など

登場する人物に関《かん》する本や、場所などを紹介《しょうかい》しています。

みなさんへ

登場する人物から、みなさんへのメッセージです。

他人《ひと》から見ると!?

登場する人物が、身近な人からどんな性格《せいかく》だと思われているのか、紹介《しょうかい》しています。

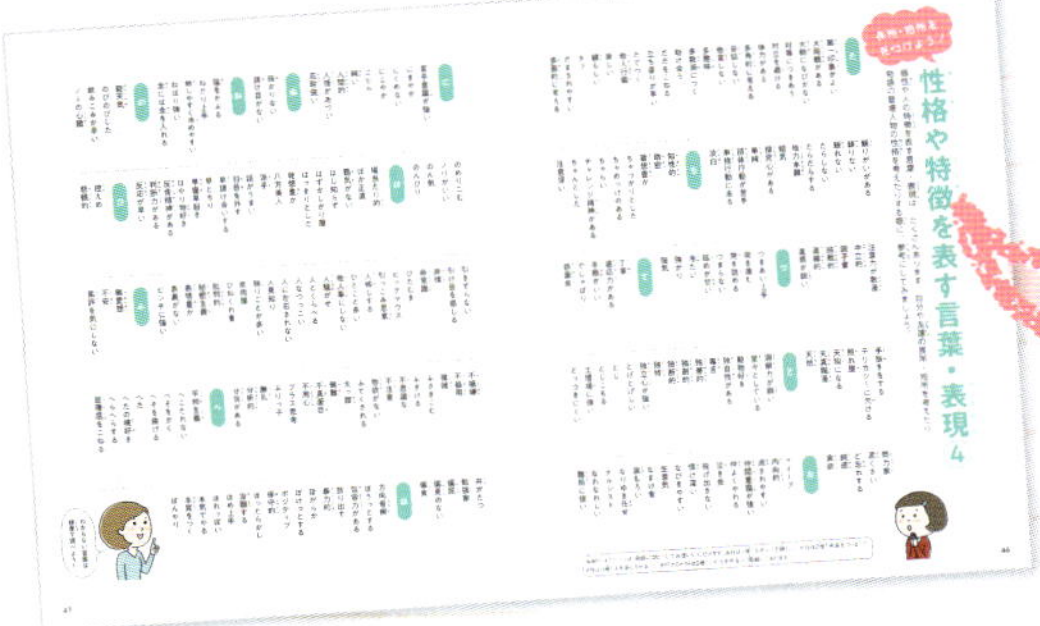

性格《せいかく》や特徴《とくちょう》を表す言葉・表現《ひょうげん》！

46～47ページは、性格《せいかく》や長所・短所を表す言葉の一覧《いちらん》です。1～5巻《かん》に、五十音順《じゅうおんじゅん》で約《やく》1000語を掲載《けいさい》しています。

※46～47ページは、自由にコピーしてお使いいただけます。

個性ハッケン!

―― 50人が語る長所・短所 ――

4. 伝統に生きる

もくじ

井山裕太《いやまゆうた》さん

囲碁棋士《いごきし》

長所　負けを引きずらない

短所　まわりを気にしてしまう

➡6ページ

里見香奈《さとみかな》さん

女流棋士《じょりゅうきし》

長所　意志《いし》が固《かた》い、凝《こ》り性《しょう》

短所　はずかしがり屋、緊張《きんちょう》しやすい

➡10ページ

御園井裕子《みそのいゆうこ》さん

和菓子職人《わがししょくにん》

長所　全力で取り組む、前向き

短所　楽しくないことはすぐにやめる

➡14ページ

千野麻里子《ちのまりこ》さん

杜氏《とうじ》

長所　集中力がある

短所　楽観的《らっかんてき》、優柔不断《ゆうじゅうふだん》

➡18ページ

尾上松也《おのえまつや》さん

歌舞伎俳優《かぶきはいゆう》

長所　行動力がある

短所　めんどうくさがり

➡22ページ

志《し》村《むら》洋《よう》子《こ》さん

染織家《せんしょくか》

長所　直感を信《しん》じて進む力

短所　人を待てない、せっかち

➡38ページ

立《たて》川《かわ》志《し》らくさん

落語家《らくごか》

長所　超《ちょう》プラス思考、能天気《のうてんき》

短所　そそっかしい

➡26ページ

小《お》川《がわ》三《みつ》夫《お》さん

宮大工棟梁《みやだいくとうりょう》

長所　自分ではよくわからない

短所　自分ではよくわからない

➡42ページ

大《おお》久《く》保《ぼ》有《ゆ》加《か》さん

花道家《かどうか》

長所　人を楽しませるのが好《す》き

短所　細かい準備《じゅんび》が苦手

➡30ページ

小《こ》岩《いわ》井《い》カリナさん

織物職人《おりものしょくにん》

長所　前向き、行動力がある

短所　せっかち、あわて者

➡34ページ

囲碁棋士《いごきし》

井《い》山《やま》裕《ゆう》太《た》さん

長所 負けを引きずらない

短所 まわりを気にしてしまう

「自分で短所と思うことも人から見れば長所になる」

くやしさをバネに努力《どりょく》して十二歳《さい》でプロ棋士《きし》に

小さいころから、対局で負けるたびにくやしくて泣《な》く、大の負けずぎらいです。これまで、何度も負けを経験《けいけん》してきましたが、小学三年生と五年生のときの負けは、いまも忘《わす》れられません。

小学三年生のとき、初《はじ》めて中国の子ども囲碁《いご》大会に参加《さんか》しました。国をあげて英才《えいさい》教育をしている中国には、当然《とうぜん》、ぼくより強い子どもがたくさんいました。それまで、国内では、同世代の子に負ける経験《けいけん》がなかったから、少し天狗《てんぐ》になりかけていたんですね。その鼻がポッキリ折《お》られ、ただただ圧倒《あっとう》され、初《はじ》めて世界レベルのきびしさを知りました。

プロフィール

1989年大阪府《おおさかふ》生まれ。5歳《さい》で囲碁《いご》を始め、12歳《さい》でプロ棋士《きし》に。16歳《さい》4か月のとき、史《し》上最年少《じょうさいねんしょう》でタイトルを獲得《かくとく》。20歳《さい》4か月で史《し》上最年少《じょうさいねんしょう》名人となり、九段昇格《くだんしょうかく》。2016年、2017年の2度にわたり、囲碁界初《いごかいはつ》の七冠《ななかん》[※2]同時制覇《せいは》。2018年、国民栄誉賞受賞《こくみんえいよしょうじゅしょう》。

©日本棋院

七冠《ななかん》のひとつ棋聖戦《きせいせん》の対局を終えた直後の井山《いやま》さん（右）。プロの対局は一日がかり。長いときは二日かけて一局を行うこともある。

もうひとつは、小学五年生でプロへの入段試験《にゅうだんしけん》に失敗《しっぱい》したときです。最年少《さいねんしょう》記録更新《きろくこうしん》という周囲《しゅうい》からの期待と注目を、子ども心にも感じていて、ただの負け以上《いじょう》のくやしさがありました。「こんな思いはもうしたくない！」と思いつつ、「負けて泣《な》いているだけでは強くなれない！」という、冷静《れいせい》な気持ちも芽生《めば》えました。

それからは、苦手で避《さ》けていた囲碁《いご》の本での訓練《くんれん》も進んで行い、翌年《よくねん》の入《にゅう》段試験《だんしけん》に受かり、小学六年生で囲碁《いご》のプロになることができました。

テレビゲームが好《す》きなごく普通《ふつう》の小学生

囲碁《いご》を始めたきっかけは、父が買ってきた囲碁《いご》のテレビゲームでした。小学三年生で、囲碁《いご》のプロをめざす人が集まる日本棋院《きいん》[※1]関西総本部《かんさいそうほんぶ》に入りましたが、放課後《ほうかご》は家にランドセルだけ置《お》いて外に遊びに行ったり、友達《ともだち》の家でテレビゲームをしたりと、決して囲碁《いご》一筋《ひとすじ》だったわけではありません。特別《とくべつ》に勉強ができたわけでもなく、いってみればごく普通《ふつう》の小学生でした。

※1 日本棋院《きいん》……囲碁《いご》の普及《ふきゅう》と発展《はってん》のために、大会を運営《うんえい》したり、囲碁棋士《いごきし》を育てたりする組織《そしき》。
※2 七冠《ななかん》……囲碁《いご》の世界でとくに権威《けんい》があるとされる7つの大会すべてで優勝《ゆうしょう》すること。

「小学生で夢中《むちゅう》になれる道を見つけられたのは、すごく幸せなこと。一度もやめたいとは思ったことがないくらい囲碁《いご》が大好《だいす》きです」と語る井山《いやま》さん。

いまもむかしも囲碁《いご》に夢中《むちゅう》 勝つことが何より楽しい

ただ、むかしから、一番夢中《むちゅう》になれるものが囲碁《いご》だったことは確《たし》かです。

囲碁《いご》は、白黒の碁石《ごいし》を使った陣取《じんと》りゲームです。一見難《むずか》しそうですが、だれもができて、体格《たいかく》や性別《せいべつ》、年齢《ねんれい》を問わず対等に戦《たたか》える競技《きょうぎ》です。関西《かんさい》の院※生では、ぼくが最年少《さいねんしょう》でした。そのころは、大学生や自分のおじいさんくらいの方と戦《たたか》って勝てるのが、何より楽しかったですね。プロになったいまも、根底《こんてい》にあるのは、純粋《じゅんすい》に囲碁《いご》が好《す》きで、強くなりたいという気持ちです。

「勝ち」にこだわっても「負け」は引きずらない

囲碁《いご》の勝敗《しょうはい》は、最後《さいご》に地《じ》（陣地《じんち》）を数えて、その多さで決まりますが、「投了《とうりょう》」といって、これ以上《いじょう》続《つづ》けても勝てないと自分から負けを認《みと》める場合もあります。投了《とうりょう》は、棋士《きし》にとってとくにくやしいものなので、必死《ひっし》になって形勢《けいせい》を逆転《ぎゃくてん》する手を考えるのです。

一局の間《あいだ》にも浮《う》き沈《しず》みがあり、形勢《けいせい》が悪くなったときにどれだけがんばれるか、チャンスを待てるかは、自分の根底《こんてい》にある「勝ちたい」という思いにかかっています。

さらに、負けやミスを引きずらないのも大事なことです。「手を誤《あやま》った」とくよくよしていたら、とたんに判断《はんだん》力《りょく》が鈍《にぶ》くなってしまいます。気持ちを切りかえて、次の局面に臨《のぞ》まなければ、勝ちは遠のいてしまうものです。

わたしは、負けずぎらいでも、負けたときにそれを引きずることは、あまりありません。とくに気持ちを切りかえようとしなくても、自然《しぜん》に「次にがんばればいいか」とか「何とかなるか」と、楽天的《らくてんてき》に考えられます。意外かも

他人《ひと》から見ると!?

井山《いやま》さんのご両親

裕太《ゆうた》は、ひとつのおもちゃをあたえると、ずっとそれで遊んでいるような、のめりこむタイプの子でした。囲碁《いご》に夢中《むちゅう》になっていても、学校の宿題などはこちらから言う前にきちんと終わらせていたので、あまり怒《おこ》った記憶《きおく》がありません。何でも自分で考えて決める子でしたから、親としては応援《おうえん》するだけで、意見を強く言うことはなかったですね。

※院生……プロ棋士《きし》をめざす人のこと。

しれませんが、プロ棋士《きし》としては、それも大切な強みのひとつになっています。

大舞台《おおぶたい》での失敗《しっぱい》から平常心《へいじょうしん》の大切さを知る

何事も、大きな舞台《ぶたい》になればなるほど、結果《けっか》を残《のこ》したいという思いが強くなるものです。だから、できるだけ平《へい》常心《じょうしん》でいることを心がけています。

十九歳《さい》で初《はじ》めて名人戦《めいじんせん》※リーグに出たときのこと。対戦《たいせん》相手は明らかに自分より格上《かくうえ》の絶対《ぜったい》王者で、ぼくはその気《き》迫《はく》やオーラに飲みこまれてしまいました。相手の手ばかりがよく見えて、自分の手に自信《じしん》が持てず、思ったような勝負ができないまま終わりました。

このときの不甲斐《ふがい》なさは、平常心《へいじょうしん》で自分の信《しん》じた手を打つというぼくの理想を追求《ついきゅう》するきっかけになっています。

囲碁《いご》も性格《せいかく》も表裏《ひょうり》一体《いったい》 自分らしく自信《じしん》を持つ

対局で緊張《きんちょう》することは、ほとんどありません。一方で、スピーチなどではまわりを意識《いしき》して緊張《きんちょう》し、後で「もっとうまく話せたんじゃないか」と、気にしてしまうことがあります。これは短所といえるかもしれませんね。

しかし、勝負の世界では何事も表裏《ひょうり》一体《いったい》。性格《せいかく》も同じで、自分で短所と思うところが、人から見れば長所になったりもします。だから、あまり気にせず、何よりも自分に自信《じしん》を持つことを大切にしたいと思います。

安全な道を行くより、いい手をめざして踏《ふ》みこんでいくスタイルは、ぼくの囲碁《いご》での長所といえますが、それが相手にすきをあたえることもあります。それでも、自分らしい手を打つことを大切にしたい。究極《きゅうきょく》をいえば、井山裕《いやまゆう》太《た》にしか打てない手で、結果《けっか》を出せれば一番だと思っています。

※名人戦《めいじんせん》……囲碁《いご》の世界でとくに権威《けんい》があるとされる7つの大会のうちのひとつ。

話してハッケン！

アキ

負けたことで、苦手な練習をするようになったなんてすごいね。

ユイ

くやしいって思っているだけじゃだめなんだよね。

負けを引きずらないなんて、囲碁《いこ》棋士《きし》なのにスポーツ選手《せんしゅ》みたい。

うん。わたしのやっているバスケットボールにも、井山《いやま》さんの考え方が参考《さんこう》になる気がする！

読んでみよう！

『勝ちきる頭脳《ずのう》』

12歳《さい》でプロになり、26歳《さい》で七冠《ななかん》を達成《たっせい》した井山《いやま》さんが、勝つための一手をどう生み出すのかをつづった本。囲碁《いご》への思いが伝《つた》わってくる。

井山裕太 著／幻冬舎文庫

井山《いやま》さんからみなさんへ

「やってみたい」と感じることがあったら、まずは挑戦《ちょうせん》してみてほしいです。ぼくもふとしたきっかけで囲碁《いご》と出会いました。どんなことでも、ひとつのことをがんばった経験《けいけん》は、マイナスにはならないはずです。

女《じょ》流《りゅう》棋《き》士《し》

里《さと》見《み》香《か》奈《な》さん

長所 意志《いし》が固《かた》い、凝《こ》り性《しょう》

短所 はずかしがり屋、緊張《きんちょう》しやすい

「はずかしがり屋だけど将棋《しょうぎ》では緊張《きんちょう》しない」

強くなりたい一心で挑《いど》み続《つづ》ける将棋《しょうぎ》の世界

わたしは、好《す》きなことをとことんやる人間です。将棋《しょうぎ》を始めたのは、六歳《さい》のころ。父が兄に将棋《しょうぎ》を教え、それを見ていたわたしも指すようになりました。やりなさいと言われるのではなく、やっているうちにどんどん好《す》きになっていったのです。もし強制《きょうせい》されていたら、きっと続《つづ》かなかったでしょうね。

将棋《しょうぎ》という競技《きょうぎ》の魅力《みりょく》は、年齢《ねんれい》や性《せい》別《べつ》に関係《かんけい》なく、対等に勝負できるところです。子どもが大人を負かすこともできます。※女流棋士《じょりゅうきし》としての道は、強くなりたいという気持ちから始まっていますし、チャレンジし続《つづ》けられたのも、強くなりたい一心からでした。

負けずぎらいで一度はまると凝《こ》り性《しょう》

わたしは、小さいころから負けずぎらいでした。勝ってうれしいというよりも、負けるとくやしい気持ちのほうが強い。兄とは勝負がつくたびに口げんかをしていました。将棋《しょうぎ》の道場に通っていた小学生時代には、同じくらいの実力を持つ男子たちに勝ちたかったですね。負けるとくやしくて、さらに将《しょう》棋《ぎ》の勉強にはげんでいました。

いろいろなことに興味《きょうみ》を持つタイプではなく、しかもすぐにあきてしまうわたしの中で、こんなに長続《ながつづ》きしているのは、将棋《しょうぎ》だけです。小さなころから友達《ともだち》と遊ぶ時間も惜《お》しんで、将棋《しょうぎ》ばかりしていました。とくに女の子らしいといわれる遊びは、ほとんどしたことがありません。将棋《しょうぎ》に打ちこんでいると、ほかのことにはますます目が向かなくなってしまうのです。こうと決めたら意志《いし》は固《かた》いし、一度はまると凝《こ》り性《しょう》なのだと思います。いろいろなことに目を向け、やってみたいと考え始めたのは、つい最近《さいきん》のことです。

プロフィール

1992年島根県《しまねけん》生まれ。2002年、小学5年生で女流《じょりゅう》アマ女王戦優勝《じょおうせんゆうしょう》。2004年、中学1年生でプロデビュー。女王、女流王座《じょりゅうおうざ》、女流《じょりゅう》名人、女流王位《じょりゅうおうい》、女流王将《じょりゅうおうしょう》、倉敷藤花《くらしきとうか》と、女流《じょりゅう》6タイトルすべてに輝《かがや》いた経験《けいけん》を持つ、史上初《しじょうはつ》の女流棋士《じょりゅうきし》として知られている。

©日本将棋連盟

対局中の里見《さとみ》さん。対局中は、勘《かん》に頼《たよ》らず、作戦《さくせん》を立てて臨《のぞ》んでいるという。

※女流棋士《じょりゅうきし》……女性《じょせい》のみで構成《こうせい》される女流《じょりゅう》プロ棋戦《きせん》に出場する棋士《きし》のこと。

極度《きょくど》のはずかしがり屋
人前で話すのは苦手

一番苦手なのは、一人で人前に立つことです。小学生のころ、リコーダーのテストでは、緊張《きんちょう》のあまり、やりたくてもできず、それがいやでいやでしかたがありませんでした。

はずかしがり屋だったので、子どものころは、おしゃべりもほとんどしなかったですね。人見知りで、自分からは話しかけられないし、初対面《しょたいめん》の人とはまったく話ができない。大会出場のために集まった子たちは楽しそうにさわいでいても、わたしは場の空気に圧倒《あっとう》されて黙《だま》っている子でした。

はずかしがり屋でも、将棋《しょうぎ》を指すのには支障《ししょう》ありません。しゃべることなく、相手の手を読んで勝負する競技《きょうぎ》だからです。ただ、将棋《しょうぎ》のイベントなどでは、人前であいさつをする機会《きかい》があり、以前《いぜん》はものすごくいやでした。簡単《かんたん》には克服《こくふく》できないと思っていたものの、最近《さいきん》は少し慣《な》れてきました。少しずつ、自分の気持ちも伝《つた》えられるようになってきたと思います。

よくないと意識《いしき》すれば
克服《こくふく》できることもある

わたしには、努力《どりょく》して克服《こくふく》することができた短所もあります。以前《いぜん》は、対局で不利《ふり》になったとき、感情《かんじょう》が態度《たいど》に出ることがあったのです。そうなると、結局《けっきょく》は自分自身のあせりにつながり、いいことは何もありません。心と体の調子が、勝負を左右するからです。

三～四年前、そのことに気づいてからは、どんなに不利《ふり》な状況《じょうきょう》でも冷静《れいせい》になろうと決め、感情《かんじょう》を出さないように意識《いしき》できるようになりました。

他人《ひと》から見ると!?

里見《さとみ》さんのお母さん

負けずぎらいで、見た目も性格《せいかく》も男の子っぽく、女の子がする遊びはしない子でした。スカートをはくのがいやで、スカート姿《すがた》は小学3年生で全国大会出場という初《はつ》の晴れ舞台《ぶたい》ぐらいだったかもしれません。小さいことは気にせず、うじうじと優柔不断《ゆうじゅうふだん》な態度《たいど》で過《す》ごすのはいやな性格《せいかく》。きっぱりと方針《ほうしん》を決め、意志《いし》は固《かた》く、なやみを引きずるようなことはあまりないようですね。

将棋《しょうぎ》だけに没頭《ぼっとう》し、おしゃれを意識《いしき》することもなかったという里見《さとみ》さん。「最近《さいきん》はそうでもないです」と笑顔《えがお》で語った。

プラスに考えれば短所も気にならない

人見知りが激《はげ》しいという短所も、将《しょう》棋《ぎ》にはプラスの一面があると、考えられるようにもなりました。人と距離《きょり》をおいて、まわりを気にせず、将棋《しょうぎ》だけに向き合えるからです。将棋《しょうぎ》の大会に参加《さんか》する女子はめずらしく、注目を浴《あ》びることもありました。でも、対局に集中している間《あいだ》は気にならない。将棋《しょうぎ》盤《ばん》を前にすると、不思議《ふしぎ》と人前でも緊《きん》張《ちょう》しないのです。

以前《いぜん》は、周囲《しゅうい》の声が気になったこともありますが、そもそもインターネットの情報《じょうほう》などはあまり見ないので、影《えい》響《きょう》はありません。わたしに関《かん》するうわさが聞こえてきたとしても、よく知らない人が言っていることには左右されないのです。

わたしを理解《りかい》してくれる人のアドバイスは、きちんと受け止めて役立てたいですし、実際《じっさい》に役立てるようにしてきました。でもそれ以外《いがい》は、耳を傾《かたむ》けなくてもいいのではと思っています。

あきっぽいという面も、将棋《しょうぎ》以外《いがい》の誘惑《ゆうわく》にまどわされないという点で、役に立っているのかもしれません。

時間をむだにせず成長《せいちょう》し続《つづ》けたい

わたしの座右《ざゆう》の銘《めい》は、「後悔《こうかい》しない人生」です。実際《じっさい》には、不安《ふあん》になることや後悔《こうかい》することもあります。それでも、くよくよとなやむより、目の前のことに一生懸命挑戦《いっしょうけんめいちょうせん》したいです。

壁《かべ》があったら立ち向かい、何度でもあきらめず、失敗《しっぱい》したら、ちがう方法《ほうほう》で挑戦《ちょうせん》してもいいのです。時間をむだにせず、つねに向上する日々《ひび》を送りたい。そして器《うつわ》の大きい人、成長《せいちょう》し続《つづ》ける人でありたいです。

話してハッケン！

トモ
ぼくも人前で話すのは苦手だな。緊張《きんちょう》して、声が小さくなっちゃう。

ソラ
でも、昆虫《こんちゅう》の話をするときは、大きな声で話してるよ。

ユイ
そうだよ。トモくんが思っているほど声は小さくないよ！

本当？　ぼく、ちゃんと話せてるんだ。なんか自信《じしん》がついたかも！

読んでみよう！

『いちばん勝てる将棋《しょうぎ》の本』

里見《さとみ》さんの実際《じっさい》の対局をもとに、将棋《しょうぎ》の基本《きほん》や戦法《せんぽう》などを解説《かいせつ》した初心者向《しょしんしゃむ》けの入門書。実戦的《じっせんてき》な技術《ぎじゅつ》などが身につけられる。

里見香奈 監修／日東書院本社

里見《さとみ》さんからみなさんへ

短所はまわりからのアドバイスを参考《さんこう》にして、長所にすることもできると思います。何事も、やってみないとわかりません。ただ、時間には限《かぎ》りがあるので、できれば自分の好《す》きなことを見つけて、おそれずに挑戦《ちょうせん》してください。

和《わ》菓《が》子《し》職人《しょくにん》

御《み》園《その》井《い》裕《ゆう》子《こ》さん

長所 全力で取り組む、前向き

短所 楽しくないことはすぐにやめる

「こだわりが少ないほど アイディアがわいてくる」

やると決めたら全力で取り組む

わたしは、和菓子《わがし》の職人《しょくにん》をしています。和菓子《わがし》にもいろいろな種類《しゅるい》がありますが、力を入れてつくっているのは、「練《ね》りきり」というお菓子《かし》です。これは、白あんにおもちのような求肥《ぎゅうひ》という材料《ざいりょう》を混《ま》ぜて練《ね》り上げたもの。色や模様《もよう》、飾《かざ》りをつけるなどして、形をきれいにしあげていきます。季節《きせつ》の花や動物、日本の伝統的《でんとうてき》な文様など、さまざまなデザインの練《ね》りきりをつくっています。

そんなわたしの長所は、興味《きょうみ》があることには全力で取り組むところです。

じつはわたし、大人になるまで、和《わ》菓子《がし》はほとんど食べたことがありませんでした。図工や美術《びじゅつ》の成績《せいせき》もよくなくて、絵をかくのも苦手。デザインなどをしたこともありませんでした。

ところがある日、本屋さんで和菓子《わがし》の本が目にとまり、「色とりどりで、何て美しいのだろう」と感動したのです。わたしは本を買って帰り、いままで食べたこともない和菓子《わがし》を自分でつくってみました。くり返し練習するうちに、もっと深く学びたいと思うようになり、製菓学校《せいかがっこう》にも通い始めました。そしていつしか、和菓子《わがし》の魅力《みりょく》とおいしさにとりつかれ、本格的《ほんかくてき》に和菓《わが》子職人《ししょくにん》をめざすまでになったのです。

いつも前向きにすぐに切りかえる

いつも前向きに考えるところも、わたしの長所だと思います。たとえば、和菓子《わがし》職人《しょくにん》として独立《どくりつ》する前、勉強のために、和菓子《わがし》店《てん》で働《はたら》き始めたときのこと。当時、和菓子《わがし》の職人《しょくにん》は、ほとんどが男性《だんせい》で、わたしは店頭で販売《はんばい》の仕事を任《まか》されることになりました。

本当は、和菓子《わがし》をつくる仕事がしたかったのですが、自分にあたえられた

プロフィール

1967年神奈《かな》川県《がわけん》生まれ。2003年、神奈《かな》川県《がわけん》鎌倉市《かまくらし》に創作和菓子《そうさくわがし》「手毬《てまり》」を開店し、オリジナルの和菓子《わがし》を制作《せいさく》・販売《はんばい》している。和菓子教室《わがしきょうしつ》やイベントでの実演《じつえん》、レストランに技術指導《ぎじゅつしどう》を行うなど、和菓子文《わがしぶん》化《か》の普及《ふきゅう》をめざして多方面で活動中。

御園井《みそのい》さんのつくった練《ね》りきり。お客さんの好《この》みや希望《きぼう》を聞いた上でデザインを考える、独自《どくじ》の練《ね》りきりもつくっているという。

ただの球形だったあん玉が、御園井《みそのい》さんの手の中であっという間《ま》に桜《さくら》の形になる。

仕事をしっかりやろうと思い、このときは、すぐに気持ちを切りかえました。おかげで、接客《せっきゃく》のしかたが身につきましたし、和菓子《わがし》の包装《ほうそう》もきれいにできるようになりました。目の前のことを一生懸命《いっしょうけんめい》にやって、少しでも自分の成《せい》長《ちょう》につなげようと考えるのは、わたしのいいところだと思います。

合わないと思ったらそれ以上《いじょう》はがんばらない

一方、わたしの短所は、「自分には合わないな」と感じたら、すぐにやめてしまうところです。たとえば習い事も、始めてみて「何かちがう」と感じたら、それ以上《いじょう》、続《つづ》けようとは思わないのです。

仕事も、二十回くらい変《か》えました。結婚式《けっこんしき》の司会者《しかいしゃ》、小学校の先生、お弁《べん》当屋《とうや》さん、宅配便《たくはいびん》の仕分けなど、いろいろな仕事をやりました。友達《ともだち》から、「また仕事を変《か》えたの?」なんて言われてしまうこともありましたね。

でも、やめる決断《けつだん》をしたからこそ、次に進むことができたのだと思いますし、和菓子職人《わがししょくにん》という仕事にめぐり合うこともできました。

それに、たとえやめてしまったことでも、経験《けいけん》したことは、すべて自分の力になります。わたしの場合、和菓子《わがし》教室《きょうしつ》で生徒《せいと》さんを指導《しどう》したり、大勢《おおぜい》のお客様の前で和菓子《わがし》づくりの実演《じつえん》をしたりすることがありますが、そうしたときには、司会者《しかいしゃ》として人前に立った経験《けいけん》や、学校の先生をしていた経験《けいけん》がいきています。

こだわりを持たないから斬新《ざんしん》な表現《ひょうげん》が生まれる

あれこれと、こだわりを持たないところも、わたしの個性《こせい》のひとつです。和菓子《わがし》づくりにおいても、「こうでなければいけない」と考えることは、まずありません。こだわりが少ないほど、アイディアもたくさんわいてくる気がしますね。

和菓子《わがし》には、むかしから伝《つた》わる技術《ぎじゅつ》や製法《せいほう》があります。そこに、自分のアイディアをプラスして、これまでに見たことがないような、独自《どくじ》の和菓子《わがし》をつくっていきたいです。完成《かんせい》したものをお客様に見せたとき、「わーっ!」とおどろきいっぱいで喜《よろこ》んでもらえると、この仕事をしていてよかったなあと思います。

一生懸命《いっしょうけんめい》やっていればいつかわかってもらえる

また、大人になってから変《か》わった性《せい》格《かく》もあります。かつては、人に言われたことが気になって、落ちこんでしまうことがよくありました。でもいまは、あまり気にならなくなりました。

たとえば、以前《いぜん》、茶道《さどう》の先生から、「あなたのお菓子《かし》は目立ちすぎる」と言われたことがありました。それでも、自分がいいと思えるものをつくり続《つづ》けていたら、「あなたのお菓子《かし》があると、お茶席《ちゃせき》が華《はな》やかになる」と、喜《よろこ》んでもらえるようになったのです。うれしいことですね。世の中には、いろいろな意見を持つ人がいるので、ときには非《ひ》難《なん》されることがあるかもしれません。でも、それを気にせずに、自分のやりたいことを一生懸命《いっしょうけんめい》やっていれば、そのうちに、自分のよさをわかってくれる人たちに出会えるのだと思います。

和菓子《わがし》の感動を日本から世界に発信《はっしん》したい

わたしのこれからの夢《ゆめ》は、和菓子《わがし》を通じて「最上級《さいじょうきゅう》のおもてなし」をすることです。お客様にお料理《りょうり》と和菓子《わがし》をいっしょに味わってもらえるような、日本らしいおもてなしを追求《ついきゅう》していきたいと思っています。

また、和菓子《わがし》は海外の人々《ひとびと》からも注目されています。フランスなどで和菓《わが》子《し》づくりの実演《じつえん》を行ってみて、それを実感しました。てのひらで小さく丸めたあん玉から、色とりどりの美しい形が生み出されていく様子は、とても感《かん》動的《どうてき》です。これからも、和菓子《わがし》の魅力《みりょく》をわかりやすい形で、世界に発信《はっしん》していきたいです。

話してハッケン!

20個以上《こいじょう》もいろんな仕事をしたことがあるなんて、すごい!

学校でも、いろんな経験《けいけん》ができます。たとえば、みんながしている、係や委員会の仕事とか。

そっか。わたしは図書係しかやったことなかったけど、今度は別《べつ》の係にも挑戦《ちょうせん》してみよう!

行ってみよう!

「鎌倉《かまくら》 創作和菓子《そうさくわがし》 手毬《てまり》」

神奈川県鎌倉市《かながわけんかまくらし》の坂ノ下海岸《さかのしたかいがん》のほど近くにある、御園井《みそのい》さんの創作和菓子店《そうさくわがしてん》。ここでは「和菓子《わがし》づくり体験講座《たいけんこうざ》」(要《よう》予約《よやく》)も開催《かいさい》している。

住所:神奈川県鎌倉市坂ノ下28-35

御園井《みそのい》さんからみなさんへ

みなさんには、無理《むり》してがんばらなくていいよ、と伝《つた》えたいですね。興味《きょうみ》を持ったことは一生懸命《いっしょうけんめい》やってみる。やってみて心から楽しめないと感じたときは、やめる勇気《ゆうき》も大事だということです。やめることで新たな道が開けることもありますよ。

杜氏《とうじ》

千《ち》野《の》麻《ま》里《り》子《こ》さん

長所　集中力がある

短所　楽観的《らっかんてき》、優柔《ゆうじゅう》不断《ふだん》

「みんなの長所を合わせていいお酒をつくりたい」

プロフィール

1967年長野県《ながのけん》生まれ。470年の歴史《れきし》を持つ酒蔵《さかぐら》「酒千蔵野《しゅせんくらの》」に生まれ、2000年に長野県初《ながのけんはつ》の女性杜氏《じょせいとうじ》に就任《しゅうにん》。自分の理想の味を追究してつくりだした日本酒「川中島《かわなかじま》」「川中島《かわなかじま》　幻舞《げんぶ》」などで、すぐれたお酒にあたえられる数々《かずかず》の賞《しょう》を受賞《じゅしょう》している。

長野県産《ながのけんさん》のお米にこだわってつくられている「川中島《かわなかじま》　幻舞《げんぶ》」。販売《はんばい》するとすぐに売り切れになる、千野《ちの》さんの自信作《じしんさく》だ。

杜氏《とうじ》の仕事は野球チームの監督《かんとく》と同じ

わたしは、お酒をつくる「蔵元《くらもと》」という職《しょく》の家に生まれました。武田信玄《たけだしんげん》と上杉謙信《うえすぎけんしん》が戦《たたか》った川中島《かわなかじま》の合戦《かっせん》より前の、一五四〇年創業《そうぎょう》で、代々《だいだい》、白くにごった「にごり酒」をつくってきました。

わたしが務《つと》めている「杜氏《とうじ》」という仕事を野球のチームにたとえると、蔵《くら》元《もと》はチームのオーナー（所有者）で、杜氏《とうじ》は監督《かんとく》、蔵人《くらびと》※が選手《せんしゅ》にあたります。米や水、麹《こうじ》といった自然《しぜん》の材料《ざいりょう》を使い、どんなお酒をつくるかを考え、蔵人《くらびと》に指示《しじ》をしながら酒を仕こみ、お酒のできばえを担《にな》う責任者《せきにんしゃ》が杜氏《とうじ》です。

かつて、杜氏《とうじ》は男性《だんせい》の仕事とされ、女性《じょせい》がお酒を仕こむ酒蔵《さかぐら》に入ることは禁《きん》じられていたので、わたしは酒蔵《さかぐら》の中で何が行われているのか、知りませんでした。

子どものころ、杜氏《とうじ》さんが、お酒の原料《げんりょう》となる蒸《む》された米の状態《じょうたい》を見るための「ひねりもち」を分けてくれて、それを食べながら登校したことが思い出に残《のこ》っています。そのときは、「杜《と》氏《じ》さんはこんなにおいしいものを食べられるんだ」と、無邪気《むじゃき》に思ったものです。それが、この仕事への興味《きょうみ》が芽《め》生《ば》えたきっかけになりました。

集中力を発揮《はっき》して理想のお酒をつくる

小さいころはよく、「ぼんやりしている」と言われたこともありますが、仕事においては、不思議《ふしぎ》と集中力が発《はっ》揮《き》されていて、そこがわたしの長所だと思っています。

酒づくりは、とても繊細《せんさい》な仕事です。お酒は、米と水、麹《こうじ》、酵母《こうぼ》だけでできています。麹《こうじ》についた麹菌《こうじきん》が米のデンプンを分解《ぶんかい》し、そこでできた糠《ぬか》を酵母《こうぼ》菌《きん》が発酵《はっこう》させることでお酒はできるの

※蔵人《くらびと》……杜氏《とうじ》のもとで酒の製造《せいぞう》をおこなう職人《しょくにん》のこと。

ですが、その材料《ざいりょう》にどのように手を加《くわ》えるかで味が変《か》わってくる。そこが、おもしろくもあり、難《むずか》しくもあるところです。

お酒ができるまでには、二か月ほどかかります。その間《あいだ》、毎日昼夜を問わず二〜三時間置《お》きに発酵《はっこう》の状態《じょうたい》を見なければなりません。発酵《はっこう》が進みすぎていないか、おくれ気味ではないか、それにいち早く気づき、先を予測《よそく》しながら対処《たいしょ》する必要《ひつよう》があります。

また、酒づくりでは、お酒の味や香《かお》りをチェックする「利《き》き酒」が、重要《じゅうよう》なポイントとなります。感覚《かんかく》を研《と》ぎ澄《す》ませて、微妙《びみょう》な風味のちがいなどを感じとるためには、そのときの気分などに左右されない集中力が必要《ひつよう》です。そこに長所が発揮《はっき》されていると思います。

楽観的《らっかんてき》な性格《せいかく》だから続《つづ》けていられる

一方、わたしは楽観的《らっかんてき》で、考えが足りないと感じることがあります。

若《わか》かったころ、お酒づくりの専門家《せんもんか》の方に、どんなお酒をつくりたいかを聞かれても、答えられなかったことがありました。

また、杜氏《とうじ》になったばかりのころ、ヒヤリとするような失敗《しっぱい》もしました。

お酒を発酵《はっこう》させるタンクが十本あったのですが、自分の目の前のタンクにばかり気をとられていたせいで、発酵《はっこう》が進みすぎたタンクから泡《あわ》が吹《ふ》き出し、あふれさせてしまいました。

酵母菌《こうぼきん》がたくさんついている泡《あわ》は、水をかけてしずめなくてはいけないのですが、あわてていたわたしは、うっかり泡《あわ》をすくいとってしまったのです。

ふだんから、お酒のことをより深く考えていれば、質問《しつもん》に答えたり、トラブルに適切《てきせつ》に対処《たいしょ》できたりするのでしょうが、どこかで、「何とかなるさ」と思っているところがあるのです。ただ、そのおかげで、何かあっても冷静《れいせい》でいられるようになってきたとも思います。

それに、心配しすぎたり、くよくよしたりしても神経《しんけい》がすり減《へ》ってしまって続《つづ》けられませんから、楽観的《らっかんてき》な性格《せいかく》も悪くはないかもしれません。

タンクの中の温度を一定に保《たも》つため、発酵中《はっこうちゅう》のお酒をかきまぜる千《ち》野《の》さん。その加減《かげん》と温度管理《かんり》が、お酒のおいしさを左右する。

みんなの長所を合わせておいしいお酒をつくる

子どものころ、リーダーシップがとれる人をうらやましく思ったことがありました。いまも、時折《ときおり》感じることがあります。

わたしは、先頭に立って「みんな、ついてこい」というタイプの杜氏《とうじ》ではありません。実際《じっさい》に強くものを言おうとしても、後で後悔《こうかい》しそうな気がするので、言えないことがあります。

また、わたしには優柔不断《ゆうじゅうふだん》なところがあって、お酒をつくる工程《こうてい》で二つの選択肢《せんたくし》があると、蔵人《くらびと》に「どっちでもいいよ」と言ってしまうことがあり、リーダーらしくないかもしれません。

でも、わたしには酒づくりの世界にある「和醸良酒《わじょうりょうしゅ》」という好《す》きな言葉があります。「和をもって協力《きょうりょく》すればおいしいお酒ができあがる」という意味です。わたしは、みんなをぐいぐい引っ張《ぱ》っていくタイプではありませんが、いろいろなタイプのリーダーがいてもいいのかもしれないと感じています。この言葉のように、みんなの長所を合わせていいお酒をつくっていきたいという気持ちで、日々《ひび》取り組んでいます。

試《ため》したいことがまだまだたくさんある

女性《じょせい》の杜氏《とうじ》が受け入れられる時代になり、自分がつくりたいと思う味のお酒をつくることができて、本当に幸せだと思います。男性《だんせい》ばかりだった世界で、最初《さいしょ》は居心地《いごこち》の悪い思いをしたこともありましたが、つくったお酒が賞《しょう》をもらったりしたことで、少しずつ認《みと》めてもらえるようになってきました。

酒づくりは、体力も精神力《せいしんりょく》も必要《ひつよう》な仕事ですから、わたしもあと十年ほどで引退《いんたい》することになるでしょう。蔵人《くらびと》をしっかりと育てながら、試《ため》したいことはどんどんやろうと、いまは米づくりにも力を入れています。たくさんの方に喜《よろこ》んでもらえるお酒をつくれるよう、がんばっていきたいです。

話してハッケン！

ぼく、リーダーになる人って、みんなをぐいぐい引っ張《ぱ》っていける人だけだと思ってた。

千野《ちの》さんみたいに、優柔不断《ゆうじゅうふだん》で決められなくても、みんなの意見を聞いてくれるならいいね。

うんうん！　チームのメンバーにも、考えや意見はあるし。

何だか、ぼくもリーダーになれそうって思えてきたよ！

あはは。ソラくんは前向きだね。きっとできると思うよ。

千野《ちの》さんからみなさんへ

世の中は、性格《せいかく》のちがう人たちが支《ささ》え合ってできています。だから、友達《ともだち》とけんかになることもあると思います。そんなときは解決《かいけつ》を急がず、待つことも必要《ひつよう》かもしれません。なやみは一人でかかえこまないで、親しい人に打ち明けてみてください。

歌《か》舞《ぶ》伎《き》俳《はい》優《ゆう》

尾《お》上《の》松《え》也《まつ》さん

長所　行動力がある

短所　めんどうくさがり

「やりたいことは迷《まよ》わず挑戦《ちょうせん》！つねに向上していきたい」

五歳《さい》から舞台《ぶたい》に立ち歌舞伎俳優《かぶきはいゆう》の道へ

歌舞伎《かぶき》とは、四百年以上《いじょう》前から伝《つた》わる、日本独自《どくじ》の演劇《えんげき》です。『仮名手本《かなでほん》忠臣蔵《ちゅうしんぐら》』や『三人吉三《さんにんきちさ》』など、数多くの演目《えんもく》（物語）があり、時代を超《こ》えて上演《じょうえん》され続《つづ》けています。その中で俳優《はいゆう》は、独特《どくとく》のお化粧《けしょう》をし、衣裳《いしょう》を身につけて、さまざまな役柄《やくがら》を演《えん》じます。

わたしは、歌舞伎俳優《かぶきはいゆう》だった父の影響《えいきょう》で、子どものころから歌舞伎《かぶき》が大好《だいす》きでした。仮面《かめん》ライダーと同じように、歌舞伎俳優《かぶきはいゆう》はわたしのヒーローでした。五歳《さい》のときに初《はじ》めて舞台《ぶたい》に立ち、小学生になってからは、毎月のように舞台《ぶたい》に出ていました。きっと、人前に立つことがきらいではなかったのでしょうね。

持ち前の行動力でやりたいことを実現《じつげん》

仕事として、目標《もくひょう》を持ってやっていこうと決めたのは、二十歳《はたち》のころです。歌舞伎《かぶき》を教えてくれた父が他界し、もう自分を守ってくれる人はいない、これからは自分の力でやっていかなければならない、と考えるようになったのです。そのとき、本気で歌舞伎《かぶき》と向き合う覚悟《かくご》ができました。

そんなわたしの長所は、何かをしようと思ったら、すぐに自分から動き出

プロフィール

1985年東京都《とうきょうと》生まれ。六代目尾上松助《おのえまつすけ》の長男として生まれる。1990年5月、『伽羅《めいぼく》先代萩《せんだいはぎ》』の鶴千代《つるちよ》役《やく》で、二代目尾上松也《おのえまつや》を名のり初舞台《はつぶたい》を踏《ふ》む。近年は、立役《たちやく》※としての期待が高く、歌舞伎《かぶき》のほか、ミュージカルやテレビドラマでも活躍《かつやく》している。

©松竹株式会社

人気絵本『あらしのよるに』が原作の新作歌舞伎の一幕。オオカミとヤギの友情をえがいた物語で、松也さんはヤギのメイ役を演じている。

※立役《たちやく》……男役のこと。

すことです。行動力がある、とも言えるでしょうか。友達《ともだち》と集まるときも、わたしから呼《よ》びかけることが多いですし、やってみたいことや、アイディアがひらめいたら、すぐに関係《かんけい》のある人たちを誘《さそ》います。やろうと決めたら迷《まよ》わない性格《せいかく》です。

印象《いんしょう》に残《のこ》っているのは、二〇〇九年に、『歌舞伎《かぶき》自主公演《こうえん》　挑《いど》む』を始めたことです。自主公演《こうえん》とは、自分が責《せき》任者《にんしゃ》となって運営《うんえい》する公演《こうえん》をいいます。歌舞伎《かぶき》俳優《はいゆう》として演《えん》じるだけでなく、どんな芝居《しばい》を上演《じょうえん》するかを考えたり、会場を手配したり、お金の管理《かんり》などもすべて自分たちで行います。大変《たいへん》なこともたくさんありますが、俳優《はいゆう》として向上するためにも、新たな挑戦《ちょうせん》をしたかったのです。

多くの人に支《ささ》えられ、自主公演《こうえん》は、二〇一七年に九回目をむかえました。その間《かん》、俳優《はいゆう》としてなやんだ時期もありましたが、続《つづ》けることでたくさんのことが学べましたし、まわりの人からも、よい反応《はんのう》をもらえるようになりました。これからも続《つづ》けていくことで、俳優《はいゆう》としてさらに向上していきたいです。

短所は気にしない でも、人に迷惑《めいわく》はかけない

一方、わたしの短所は「めんどうくさい」と思ってしまうところです。自主公演《こうえん》をやると決まったときも、いろいろな準備《じゅんび》が必要《ひつよう》になると、おっくうになることがありました。

そんなときは、信頼《しんらい》している仲間《なかま》に任《まか》せることも多いですね。なかなか動こうとしないわたしを見て、仲間《なかま》が行動をうながしてくれることもあります。わたしはつくづく、人に恵《めぐ》まれているなあ、と思います。

短所を直そうとして、早めに準備《じゅんび》をしようと心がけたこともありますが、わたしの場合はむしろ、時間が迫《せま》っているときのほうが集中してがんばれるようです。これも自分の性格《せいかく》なので、あまり気にしないようになりました。

そのかわり、「人に迷惑《めいわく》をかけない」ということは大事にしています。たとえば、舞台《ぶたい》に出演《しゅつえん》するときは、ほかの俳優《はいゆう》さんたちといっしょに稽古《けいこ》をするので、稽古《けいこ》が始まる日までに、必《かなら》ずセリフを覚《おぼ》えます。大事なのは、「自分なら大丈夫《だいじょうぶ》だ」と信《しん》じること。そして、よい結果《けっか》を出せるように、全力で取り

よく響《ひび》く声の松也《まつや》さん。歌舞伎《かぶき》の公演《こうえん》は一度始まると休演日《きゅうえんび》がないことが多い。体調管理《かんり》にも気をつけているという。

組むことです。そうすれば、まわりの人にも理解《りかい》してもらえると思います。

自分らしくいればいい仲間《なかま》に出会える

よい仲間《なかま》をつくることも、とても大切なことだと思います。

わたしは、どちらかというと人見知りな性格《せいかく》で、二十代前半くらいまでは、「もっと積極的《せっきょくてき》に人と交流しなければ」と気にしていました。でもいまは、それほど気にならなくなりました。なぜなら、無理《むり》をせずに自分らしく人とつき合っていけば、自然《しぜん》といい仲間《なかま》ができると気づいたからです。

また、人と接《せっ》するときは、相手のことを、「この人はこうだ」と決めつけないようにしています。もし「ちょっといやだな」と思うことがあっても、態度《たいど》は変《か》えません。世の中にはいろいろな人がいますし、最初《さいしょ》は苦手だと思っても、時間がたてば、仲《なか》よくなることもあるからです。

歌舞伎《かぶき》のおもしろさをたくさんの人に知ってほしい

歌舞伎俳優《かぶきはいゆう》としてやりがいを感じるのは、お客様に喜《よろこ》んでもらえたときです。舞台《ぶたい》からは、会場全体の空気感が、とてもよく伝わってきます。拍手《はくしゅ》をもらったり、お客様が舞台《ぶたい》を観《み》て笑《わら》ったり泣《な》いたりしている様子を感じられることが、わたしにとって一番の幸せです。

これからも歌舞伎《かぶき》をたくさんの人に観《み》ていただけるように、自分にできることをしていくつもりです。

毎年お正月には、わたしをふくめた若手《わかて》の歌舞伎俳優《かぶきはいゆう》が中心となって、※『新春浅草歌舞伎《しんしゅんあさくさかぶき》』という公演《こうえん》を東京《とうきょう》都《と》の浅草《あさくさ》で行っています。みなさんが歌舞伎《かぶき》を観《み》るきっかけとなればうれしいです。

※新春浅草歌舞伎《しんしゅんあさくさかぶき》……毎年1月に東京《とうきょう》の浅草《あさくさ》で行われている歌舞伎《かぶき》の公演《こうえん》。わかりやすい演目《えんもく》が多く、歌舞伎《かぶき》を初《はじ》めて観《み》る人も楽しめる内容《ないよう》になっている。

話してハッケン！

ユイ

わたしもめんどうくさがり。ギリギリにならないと、夏休みの宿題やらないし。

トモ

バスケットボールの練習はめんどうだと思わないの？

うん。バスケは大好《だいす》きだから！ ずっと練習していたいくらいよ。

好《す》きなことへのパワーって特別《とくべつ》なんだね。

みんなとやると楽しいんだ。わたしはチームメイトにも恵《めぐ》まれているのかもしれないな。

松也《まつや》さんからみなさんへ

夢中《むちゅう》になれるものや、目標《もくひょう》を見つけることは、とても大事だと思います。遠い夢《ゆめ》だとしても、進みたい方向がわかっていれば、なやんだときにも前向きになれます。わたしにとってはそれが歌舞伎《かぶき》。みなさんも、自分が好《す》きなものを大切にしてください。

落語家《らくごか》

立《たて》川《かわ》志《し》らくさん

長所　超《ちょう》プラス思考、能天気《のうてんき》

短所　そそっかしい

「自分がやったら成功《せいこう》するに決まってる」

落語は「だめな人」を認《みと》めてあげる話

みなさんは、落語を聴《き》いたことがありますか。落語というのは、むかしの日本人の生活を、おもしろおかしくえがいたお話です。しかも、主人公は、みなさんが学校で教わるような偉人《いじん》たちではなく、「だめなやつ」なんです。

みなさんのまわりにも、友達《ともだち》でも学校の先生でも、いろんな人がいるのではないでしょうか。どこかだめだったり、バカだなって思ったり、かわいげがあったり、おっちょこちょいだったり。へんに意固地《いこじ》になって、軽いうそをついてしまうとかね。落語は、そういった人たちを認《みと》めてあげるお話なのです。

落ち着きのなさが落語家としてはセンスに

そういうわたしにも、「だめなところ」があります。子どものころからそそっかしくて、忘《わす》れものや失《な》くしものがとても多いんです。大人になったいまも直りません。

それから、落ち着きもなかったですね。授業参観《じゅぎょうさんかん》などでは、キョロキョロしていて、「集中力がない」としょっちゅう怒《おこ》られていました。親が観《み》に来ているから、「みんなどんな顔してい

プロフィール

1963年東京都《とうきょうと》生まれ。大学4年生のときに立川談志《たてかわだんし》に入門し落語家となる。現在《げんざい》は師匠《ししょう》として20人の弟子《でし》をかかえる。映《えい》画《が》監督《かんとく》、映画評論家《えいがひょうろんか》、エッセイスト、劇《げき》団主宰《だんしゅさい》、テレビコメンテーターなど、幅《はば》広《ひろ》い分野で活躍《かつやく》している。

©山田雅子

毎年、秋に行う『志らく独《ひと》り会』で落語を披露《ひろう》する志らくさん。この落語会では、江戸《えど》時代から明治《めいじ》時代につくられた古典《こてん》落語と、大正時代以降《いこう》につくられた新作落語の、2つの演目《えんもく》を行っている。

るんだろう」「授業《じゅぎょう》を聞いているふりをしているのかな?」と、気になってしかたがなかったんです。だからあっちを向いたり、こっちを向いたりでした。

落ち着きがないのは、「短所」と言えるでしょうね。でも、別《べつ》の見方をすれば、わたしの中には、そのころから、「人を観察《かんさつ》する」という落語家のセンスみたいなものが芽生《めば》えていたのかもしれません。

「いろいろなテレビ番組にも出ていますが、これも芸《げい》の幅《はば》を広げるため。辛口《からくち》と言われますが、思っていることを素直《すなお》に言っているだけです」と話す志《し》らくさん。

内弁慶《うちべんけい》の小中学生時代　大学では一転、人気者に

わたしは、小学生のころから父親が持っていた落語の名人のレコードを何回も何回もくり返し聴《き》いていました。だから、中学生になるころには、聴《き》きすぎてそっくりそのまましゃべれるようになっていました。

でも、人前で披露《ひろう》しようなんてことは思いませんでした。なにしろ、内弁《うちべん》慶《けい》で、家に帰ればおじいさんおばあさん相手にわーっとしゃべるけれど、学校ではものすごくおとなしい子でしたからね。

落語と同じくらい好《す》きだったのが映《えい》画《が》です。それで学校では演劇部《えんげきぶ》に入って、お芝居《しばい》をしていました。男子の部員はわたし一人。まわりは女の子ばかりだから、普通《ふつう》なら「はずかしいからいやだ」となりますよね。でも、演劇《えんげき》がやりたいという気持ちのほうが勝っていたんです。

そんなわたしが、だれとでも仲《なか》よくできるようになったのは、大学に入学して落語研究会（落研《おちけん》）に入ってからです。落研《おちけん》では、それまで自分の中に閉《と》じこめていた落語を、人前で披露《ひろう》することになったわけです。人前で落語をやってみたら、ウケるんですね。「あいつおもしろいよ」と、一躍《いちやく》大学のアイドルみたいになりました。落研《おちけん》に入ってから、後輩《こうはい》も先輩《せんぱい》も同輩《どうはい》も、みんなと仲よくなれました。大学の四年間は、人生で一番楽しかったですね。

きびしい修業《しゅぎょう》も　芸《げい》につながると信《しん》じた

プロの落語家になるには、師匠《ししょう》に弟《で》子《し》入《い》りして修業《しゅぎょう》をします。わたしの師《し》匠《しょう》は、もう亡《な》くなってしまいましたが、立川談志《たてかわだんし》という人です。

とにかくきびしい人で、師匠《ししょう》が「来い」といえば、真夜中だって行かなく

てはなりません。そうじをしたり、師《し》匠《しょう》のカバンを持ったりと、いろんな雑《ざつ》用《よう》もするのですが、お給料《きゅうりょう》はもらえません。

　貧乏《びんぼう》を味わい、七転八倒《しちてんばっとう》することが全部芸《げい》につながると教えられました。こういった修業《しゅぎょう》を乗りこえられた人は、やっぱり売れっ子の落語家になっていますね。

プラス思考のおかげでつらさを感じなかった

　きびしい修業《しゅぎょう》に耐《た》えられたのは、わたしの長所がおっとりで、のんびりしているからかもしれません。「何とかなるかな」と、能天気《のうてんき》なのです。

　普通《ふつう》の人は、「もし失敗《しっぱい》したらわたしの人生はどうなるんだろう」と考えます。でも、わたしはむしろ、「自分がやったら成功《せいこう》するに決まっている」と思いこんでいるんです。芸事《げいごと》に関《かん》しては、究極《きゅうきょく》のプラス思考です。「早く上にあがってお客さんの前で落語をやりたい」という思いが強かったのです。

　いま思えば、師匠《ししょう》のお世話をしながら、稽古《けいこ》もとんでもない量《りょう》をやっていました。一日三時間くらいしか、ねていなかったと思います。兄弟弟子《でし》が楽《がく》屋《や》で弁当《べんとう》を食べているときも、舞台《ぶたい》の袖《そで》で一生懸命《いっしょうけんめい》師匠《ししょう》の落語を聴《き》いていました。

　よく、「努力家《どりょくか》ですね」と言われますが、おもしろくしゃべれるようになりたくて、「師匠《ししょう》はこうやっている」「わたしはこっちのほうがやりやすいな」と研究し、稽古《けいこ》しているだけです。

　落語が好《す》きなわたしにとっては、修《しゅ》業《ぎょう》も稽古《けいこ》も苦労《くろう》じゃない。ものすごく楽しい工程《こうてい》なんです。究極《きゅうきょく》のプラス思考のおかげで、好《す》きで楽しいことを仕事にできたというのは、幸せなことですね。

話してハッケン！

アキ：内弁慶《うちべんけい》っておもしろい言葉だね。

ソラ：確《たし》かに。学校ではおとなしくしてても、家では活発な人もいるんだね。

ユイ：ソラくんは能天気《のうてんき》だよね。いつも楽しそうだし、なやみもなさそう。

ソラ：そうかもなぁ。ねたらスッキリ忘《わす》れちゃう！　えっへん！

聴《き》いてみよう！

『毎日新聞落語会シリーズ―立川志《たてかわし》らく』

立川志《たてかわし》らくさんの落語を録音《ろくおん》したCD《シーディー》シリーズの第《だい》1巻《かん》。「文《ぶん》七元結《しちもっとい》」と「時《とき》そば」という2つの落語が聴《き》ける。

販売　ソニー・ミュージックダイレクト

志《し》らくさんからみなさんへ

落語では、人生経験《けいけん》が「個性《こせい》」として芸《げい》にあらわれます。みなさんもいろんなことを経験《けいけん》してください。親やまわりの大人が好《す》きな映画《えいが》や音楽などにふれ、いろんなことを知って、世界を広げてみてください。経験《けいけん》が増《ふ》えれば増《ふ》えるほど、あなたらしい個性《こせい》がつくられていくと思います。

花道家《かどうか》

大《おお》久《く》保《ぼ》有《ゆ》加《か》さん

長所　人を楽しませるのが好《す》き

短所　細かい準《じゅん》備《び》が苦手

「苦手なことは助け合えばいい」

原体験《げんたいけん》になっている祖父《そふ》の教え

わたしは、祖父母《そふぼ》も母も花道家《かどうか》だったため、幼《おさな》いころから生け花にふれて育ちました。幼稚園児《ようちえんじ》のころから、祖《そ》父《ふ》の家に遊びに行くと、生け花のお稽《けい》古《こ》の様子を見たり、いっしょにお稽古《けいこ》をしたりするのが好《す》きでした。

わたしが自由にお花を生けると、祖《そ》父《ふ》は、大人の生徒《せいと》さんに接《せっ》するのと同じように、よいところをほめてくれました。そして、「こうするともっとよくなるよ」と、やさしく手直しもしてくれました。ほんの少し花の角度を変《か》えたり、枝《えだ》や葉を整理したりするだけで、すてきな作品に変化《へんか》したのです。祖父《そふ》の指導《しどう》は、まるで魔法《まほう》のようでした。わたしも生徒《せいと》さんも、みんなが笑《え》顔《がお》になります。生け花は人を幸せにすると感じたあの経験《けいけん》が、いまのわたしの仕事につながっています。

みんなを楽しませるムードメーカー

わたしの長所は、人を楽しませるのが好《す》きなところです。人とかかわることが好《す》きなので、みんなが楽しくしていると、自分自身も幸せな気持ちになるのです。

むかしは、「有加《ゆか》ちゃんが学校をお休みするとさびしい」と、言われたりしていました。リーダータイプではなく、その場を明るく楽しく盛《も》り上げるムードメーカーだったのでしょう。

生け花以外《いがい》のことも、してこなかったわけではありません。わたしは、スポーツが大好《だいす》きなので、小学校から高校まではバレーボール部、大学時代はラクロス部の活動に熱中《ねっちゅう》していました。仲間《なかま》たちといっしょにがんばり、練習にはげみ、試合《しあい》に勝った喜《よろこ》びや、負けたくやしさを共有《きょうゆう》することは、学生時代の思い出深い経験《けいけん》です。

プロフィール

1971年東京都《とうきょうと》生まれ。草月流《そうげつりゅう》の生け花を家業とする家に生まれ、展覧会《てんらんかい》などで作品を発表したり、生け花の指導《しどう》をしたりしている。生け花を広めるイベントや講演《こうえん》といった活動や、全国の小学校で花の命を感じる「花育《はないく》」を行い、注目されている。

海外にも行くという大久保《おおくぼ》さん。「植物には国境がない。花ばさみひとつで、いろいろな人たちとふれあえるのが楽しい」と語る。

生け花を通して幸せをわかち合う

友達《ともだち》と過《す》ごすのが大好《だいす》きな一方で、一人でいる時間も大切なものだと気づいたのは、小学生のときです。わたしは小学校では六年間、毎日、日記を書いて提出《ていしゅつ》していました。日記を続《つづ》けるうちに、自分の心を素直《すなお》に言葉につづる時間が、心地《ここち》のよいものだと気づきました。

　一人で自分に向き合うことと、みんなと楽しさを共有《きょうゆう》すること。この二つは、生け花に通じるところがあります。

　お花を生けること自体は、一人で、自分の心と、そこにあるお花とに向き合う作業ですが、生けた花はその美しさを共有《きょうゆう》することもできます。

　生け花を通して、たくさんの人と「場」をともにし、花の美しさにふれて幸せな気持ちをわかち合うことができるのは、大きな喜《よろこ》びです。

夢中《むちゅう》になれることなら困難《こんなん》も乗りこえられる

わたしの短所は、事前の細かい準備《じゅんび》をすることが苦手なところです。学生時代には、段取《だんど》りや整理整とんをていねいにする友達《ともだち》を、見習いたいと思っていたものです。

　感覚的《かんかくてき》に行動するのが得意《とくい》なのに、作品をつくるときは、なぜか細かい作業が必要《ひつよう》なアイディアを思いつきがちです。苦手な準備《じゅんび》をしながら、「そんな細かいことが、わたしにできるだろうか」と思いながら進めていると、意外と熱中《ねっちゅう》しておもしろくなっていることがあります。好《す》きな花のためならば夢中《むちゅう》になれるので、苦手なことでも乗

「花がわたしを太陽だと思って伸《の》びてくるのを想像《そうぞう》すると、その花の美しいところが見つかって、きれいに生けられます」と語る大久保《おおくぼ》さん。

りこえられるのかもしれません。

わたしは子どものころから、母に「あなたは努力《どりょく》が足りない」と、しかられてばかりでした。算数など、不得《ふとく》意《い》な教科は苦手意識《いしき》が強くて、なかなかはかどりませんでした。

努力《どりょく》は尊《とうと》いことですが、夢中《むちゅう》になれないものを継続《けいぞく》してがんばるのは難《むずか》しいし、大変《たいへん》なことです。でも、一度興《きょう》味《み》を持てると、自分から、「もっと知りたい、もっとうまくなりたい」という気持ちがわき起こってきます。

まわりの大人のアドバイスは、その人の経験《けいけん》をもとに伝《つた》えてくれる大切な言葉です。でも、実際《じっさい》に決めるのは自分です。自分の人生を、自分がやりたいことを、こうしたいと思った方法《ほうほう》で責任《せきにん》を持ってやる気持ち、その「覚《かく》悟《ご》」はとても大切です。

みんなの長所を生かし合う社会に

妹に、わたしの短所をたずねると「好《す》きなこと以外《いがい》をやりたがらないところ」と言われました。

「自分の得意《とくい》はだれかの不得意《ふとくい》で、だれかの不得意《ふとくい》は自分の得意《とくい》」でもあります。それぞれの人の得意《とくい》なことをいかし合い、苦手なことは助け合える、社会全体がそんな思いやりを持って過《す》ごせるようになったらいいと思います。

わたしがお花を生けるときに大切にしているのは、「この花はこういうイメージ」と決めつけず、いつも新鮮《しんせん》な気持ちで向き合うことです。お花には命があり、一輪《いちりん》たりとも同じものはありません。人もそれぞれみんなちがいます。自分という人間も、どんどん変《か》わっていくものです。花と自分に素直《すなお》な心で向かい合うことは、やさしさや思いやりの気持ちを育てるのではないかと思います。

話してハッケン!

ユイ：お花のイメージを決めつけないって、ちょっとびっくりした。

アキ：うん。花言葉っていうものもあるくらいなのにね。

ユイ：同じ花は一輪《いちりん》もない、なんて考えもしなかった。わたしも今度、じっくり見てみようかな。

アキ：わたしも！　ちがう見方で見たらまた新しい発見がありそうだね。

読んでみよう!

『みんなのくらしと花』

大久保《おおくぼ》さんが書いた、花が生まれてからお客さんの手に届《とど》くまでの流れがわかる本。花にかかわる仕事や、かんたんな生け花の紹介《しょうかい》もある。

大久保有加 著／汐文社

大久保《おおくぼ》さんからみなさんへ

なやむことは、悪いことではありません。いまよりよくなろうと思う気持ちがそうさせるのです。つらくなったら、考えこみすぎないこと。気分転《きぶんてん》換《かん》できる自分なりの方法《ほうほう》を見つけることが大切です。気持ちが整理できて、スッキリしますよ。

織物職人《おりものしょくにん》

小《こ》岩《いわ》井《い》カリナさん

長所 前向き、行動力がある

短所 せっかち、あわて者

「俳優《はいゆう》も織物《おりもの》も自分の個性《こせい》が出る仕事」

体が弱かった幼少時代《ようしょうじだい》 本の世界に夢中《むちゅう》だった

上田紬《うえだつむぎ》は、絹糸《きぬいと》だけで織《お》られる織物《おりもの》です。四百年以上前《いじょうまえ》の江戸《えど》時代から「日本三大紬《にほんさんだいつむぎ》」のひとつに数えられています。わたしの家は、むかしは、絹糸《きぬいと》を生産《せいさん》する養蚕業《ようさんぎょう》を営《いとな》んでいましたが、祖父母《そふぼ》の代から紬《つむぎ》を織《お》る「織元《おりもと》※」になりました。家が工房《こうぼう》だったので、子どものころから機織《はたお》りの様子を見ていたものの、自分もその仕事をしようと思ったことはありませんでした。

子どものころは、学校の先生、ピアノの先生など、あこがれの職業《しょくぎょう》はたくさんありました。わたしは小児喘息《しょうにぜんそく》のため体が弱く、学校を休みがちだったこともあり、読書が好《す》きで、本の中の楽しい世界に夢中《むちゅう》でした。

体調がいいときは、友達《ともだち》と山小屋をつくったり、ターザンごっこをしたりと、活発な子でした。

俳優《はいゆう》をやめて気づいた 日本文化のよさ

わたしの長所は、これだと思うと、一直線に進んでいくことです。

あるとき、連《つ》れていってもらったお芝居《しばい》に感動し、俳優《はいゆう》が夢《ゆめ》のひとつになりました。東京の大学に進学し、卒業《そつぎょう》後《ご》、東京で劇団《げきだん》の研修生《けんしゅうせい》となり、のちに正式な団員《だんいん》になることができました。そして六年間、俳優《はいゆう》として多くの舞台《ぶたい》に出演《しゅつえん》しました。でも、三十歳《さい》のとき、ふと自分の限界《げんかい》を感じたのです。

自分を見つめ直すために、三か月間、ヨーロッパを旅行し、改《あらた》めて日本文化のよさを感じたことが、織物《おりもの》の仕事を継《つ》ぐきっかけになりました。

着物を着る人が少なくなり、伝統《でんとう》ある上田紬《うえだつむぎ》がだんだん下火《したび》になっていくのを何とかしたい、という思いもありました。ほとんど知識《ちしき》のない状態《じょうたい》から、両親に織《お》り方を教わりました。

プロフィール

1972年長野県《ながのけん》上田市《うえだし》生まれ。上田紬《うえだつむぎ》の伝統《でんとう》工芸士《こうげいし》、織物職人《おりものしょくにん》。大学を卒業後《そつぎょうご》、俳優《はいゆう》となり、そののち家業の織元《おりもと》を継《つ》ぐ。上田紬《うえだつむぎ》の伝統的《でんとうてき》な技術《ぎじゅつ》を守りながら、明るい色使いや斬新《ざんしん》な柄《がら》で人気となる。工芸品展《こうげいひんてん》など多数入《にゅう》選《せん》。上田紬《うえだつむぎ》の普及《ふきゅう》にも力を入れている。

明治《めいじ》時代から使われている機織《はたお》り機《き》で紬《つむぎ》を織《お》る小岩井《こいわい》さん。修《しゅう》理《り》のできる人がわずかなため、とても大切に使っているという。

※織元《おりもと》……織物《おりもの》を製造《せいぞう》する仕事。糸の染《そ》めつけから機織《はたお》り、着物や帯《おび》などの制作《せいさく》を行う。

自分の個性《こせい》を織物《おりもの》で表現《ひょうげん》する

機《はた》織《お》りを習い始めてからは、昼間は注文を受《う》けた柄《がら》を織《お》り、仕事が終わった後で、自分の考えた柄《がら》を試《ため》しに織《お》るという毎日でした。

機《はた》織《お》りを始めて一年ほどたったころ、夕暮《ゆうぐ》れの工房《こうぼう》で、「その柄《がら》、いいですね」と、後ろからとつぜん声をかけられました。お客様かと思ったら、その方は織物問屋《おりものどんや》※さんでした。

上田紬《うえだつむぎ》には、縞《しま》や格子《こうし》、絣《かすり》などいろいろな柄《がら》があります。わたしの作品は、上田紬《うえだつむぎ》の織《お》り方の決まりは守りながらも、かなりたくさんのカラフルな色を合わせているのが特徴《とくちょう》です。問屋さんは、それを新鮮《しんせん》に感じてくれたようでした。

織物《おりもの》の作品づくりは、自分の個性《こせい》を出す表現《ひょうげん》という意味では、かつての俳《はい》優《ゆう》の仕事と共通点《きょうつうてん》があると思います。舞台《ぶたい》は一瞬《いっしゅん》の表現《ひょうげん》ですが、織物《おりもの》は作品として残《のこ》ります。お客様が身につけることで、楽しんでもらえることが、大きな喜《よろこ》びです。

自分で織《お》った反物《たんもの》を持つ小岩井《こいわい》さん（上の写真）。着ているワンピースも、小岩井《こいわい》さんの機織《はたお》りとデザインによるもの。下の写真は、明るい色使いが美しい、小岩井《こいわい》さんがつくったオリジナルの着物。

つい気持ちが先走り柄《がら》をまちがえることも

伝統工芸《でんとうこうげい》は、先人から受け継《つ》がれた技法《ぎほう》を守ることが必要《ひつよう》ですが、時代の波にのせて発展《はってん》させていくことも大切です。「伝統工芸《でんとうこうげい》とは時代の最先端技《さいせんたんぎ》術《じゅつ》である」と言った人がいるのですが、その言葉を聞いて、わたしもいまの時代に合った、最先端《さいせんたん》のものを、もっと自由につくろうと思いいたりました。

わたしは、思いつきをすぐに行動に移《うつ》す性格《せいかく》の一方で、あわて者という短所もあります。つい気持ちが先走り、いまでも織《お》りの柄《がら》をまちがえてしまうことがあります。そこで、「機《はた》を織《お》るときには平らな気持ちでないと平らな

※織物問屋《おりものどんや》……織元《おりもと》から反物《たんもの》や着物を仕入れて、呉服屋《ごふくや》や百貨店《ひゃっかてん》といった小売業者へ販売《はんばい》する仕事。

機《はた》は織《お》れない」という祖母《そぼ》の言葉を、いつも忘《わす》れないように心がけています。

経験《けいけん》したことにむだなものはない

わたしは、織物業《おりものぎょう》を営《いとな》む家に生まれながら、ずいぶん回り道をして、ここにたどりつきました。ですが、これまでのいろいろな経験《けいけん》が、いまの仕事に何かしらいきているので、むだな時間を過《す》ごしたとは思っていません。

俳優《はいゆう》時代には、舞台《ぶたい》で着物を着ることが多かったので、着物での立《た》ち居《い》振《ふ》る舞《ま》いなどを学べたことも、いま役に立っています。

わたしは、「継続《けいぞく》は力なり」という言葉が好《す》きです。一生懸命《いっしょうけんめい》に取り組んだことは、あとあと必《かなら》ず自分の力になることを経験《けいけん》から学んだからでしょう。

何かを続《つづ》けることでまわりも自分も変《か》わる

わたしは、前向きなところが長所だと思っていますが、生まれつき前向きというよりは、気持ちを前向きに切りかえるのが上手なのだと思います。

たとえば、学生時代に、「今日は学校に行きたくないな」「苦手な友達《ともだち》に会うのがゆううつだな」ということがありました。そこで、朝、教室に入るときに「おはよう」と大きな声で言おうとか、教室に入ったら何か楽しい話をしようなどと、自分で決まりをつくり、実行していました。

これを習慣《しゅうかん》として続《つづ》けていると、まわりの目も変《か》わりますし、不思議《ふしぎ》と自分も変《か》わってくるのです。もしあなたが、ちょっと苦手だなと思う環境《かんきょう》に身を置《お》くことがあったら、自分を奮《ふる》い立たせて、一生懸命《いっしょうけんめい》に「継続《けいぞく》」してみてください。きっと、なりたい自分になることができると思います。

話してハッケン！

トモ：ぼくは書道を習っているけど、やめようかなって迷《まよ》ってるんだ。

アキ：えっ、どうして？　トモくんは、そんなに字がきれいなのにもったいない！

ソラ：そうだよ。ぼくよりずっと上手じゃない！

トモ：そうかな。そんなにほめてくれるなら、続けてみようかな！

行ってみよう！

「小岩井紬工房《こいわいつむぎこうぼう》」

長野県上田市《ながのけんうえだし》にある小岩井《こいわい》さんの工房《こうぼう》。工房《こうぼう》の見学や実際《じっさい》に機織《はたお》り体験《たいけん》ができる。

住所：長野県上田市上塩尻40

小岩井《こいわい》さんからみなさんへ

わたしは、うっかりミスが多い人間です。でも、それがきっかけで親しみを持ってもらえることもあるのです。この世に完璧《かんぺき》な人はいません。人の長所は見習いながら、おたがいの短所を大目に見合えたらいいですね。

染織《せんしょく》家《か》

志《し》村《むら》洋《よう》子《こ》さん

長所 直感を信《しん》じて進む力

短所 人を待てない、せっかち

「植物の命からいただいた色はどれもそれぞれに美しい」

人も、色も、組み合わせや配置《はいち》でちがって見える

染織家《せんしょくか》という色をあつかう仕事のせいか、「好《す》きな色、きらいな色はありますか」とよく聞かれます。でも、わたしは植物の命からもらった〝色〟を、好《す》きやきらいで考えたことはないんです。色は、それぞれに個性《こせい》があって、組み合わせによってにごったり、配置《はいち》によって非常《ひじょう》に美しく見えたりするでしょう。人の性格《せいかく》も、色の個性《こせい》と同じで、一概《いちがい》にこういう性格《せいかく》がすてきだとかは、言えないのではないかしら。

自分についても、これがわたしの長所・短所だとか、あまり考えてみたことはないけれど、あえていうなら直感が強いのが長所でしょうか。大きなことでもあまりなやまないで、パッと決めてしまいます。植物の一番美しい色を引き出す仕事ですから、瞬間的《しゅんかんてき》な直感力は大切だと思っています。

逆《ぎゃく》に、短所は「せっかち」なところでしょうか。だいぶ落ち着きましたけれど、物事が滞《とどこお》っているのにがまんができないし、人を待つのも苦手です。でも、せっかちなぶん、判断《はんだん》が早くて変化変容《へんかへんよう》に強いですから、短所ばかりともいえないとは思いますね。

五感を研《と》ぎ澄《す》まし「地球」で色を染《そ》める

染織家《せんしょくか》は、植物の命の色をいただいて糸を染《そ》め、その糸を織《お》るのが仕事です。野山を歩いて枝《えだ》や草花を取り、植物のにおいや色、水や染液《せんえき》※の温度を感じながら植物を炊《た》き出す「お染《そ》め」は、五感を刺激《しげき》する楽しい作業です。わたしは、よく「地球で染《そ》める」と言うのですが、地球上にある植物（草木）、動物（蚕《かいこ》）、鉱物《こうぶつ》（金属《きんぞく》）の三つがないと染《そ》めはできません。草木の色が動《どう》物性《ぶっせい》の絹糸《きぬいと》に移《うつ》り、鉱物性《こうぶつせい》の金属《きんぞく》で定着させて、初《はじ》めて色が生まれるのです。

プロフィール

1949年東京都《とうきょうと》生まれ。30代から染織《せんしょく》の世界に入り、京都・嵯峨嵐山《さがあらしやま》の工房《こうぼう》で四《し》季折々《きおりおり》の植物で染《そ》めた作品を制作《せいさく》。不定期《ふていき》で子ども向けのワークショップを開催《かいさい》。重要無形文化財保持者《じゅうようむけいぶんかざいほじしゃ》（人間国宝《こくほう》）の染織家《せんしょくか》・志村《しむら》ふくみを母に持つ。

染《そ》め上げた絹糸《きぬいと》を手にする志村《しむら》さん。後ろにある機織《はたお》り機《き》を使い、これらの絹糸《きぬいと》を使ってさまざまな模様《もよう》を織《お》り上げる。

※染液《せんえき》……植物を炊《た》き出してつくる、色を染《そ》めるための液体《えきたい》。

「直感力」をたよりに植物の命の色をいただく

相手は植物ですから、こちらが「桜《さくら》の枝《えだ》を炊《た》き出して桜色《さくらいろ》に染《そ》めたい」と思っても、黄やオレンジなど、予想外の色に染《そ》まることもあります。

これまで、桜守《さくらもり》※1の佐野藤右衛門《さのとうえもん》さんの桜《さくら》や、福島県《ふくしまけん》の三春滝桜《みはるたきざくら》※2など、いろいろな桜《さくら》で染《そ》めてきましたが、樹齢《じゅれい》や季節《きせつ》、環境《かんきょう》で本当に色がちがうんです。思った通りにいかないときでも、直感をたよりに、植物と対話しながら色をいただきます。

「織《お》り」は、染《そ》めた糸を機《はた》にかけてデザインし、裂《きれ》にする作業です。始めに縦《たて》に糸を張《は》って、そこに横糸を入れていくのですが、縦糸《たていと》は運命のようなものので、一度張《は》ってしまうと変《か》えられません。一方横糸は、織《お》る人の生き方のように変《か》えることができます。染《そ》めは自然《しぜん》を、織《お》りは物質《ぶっしつ》の成《な》り立ちを、教えてくれているのです。

養祖父《ようそふ》に愛《あい》された経験《けいけん》が人への信頼感《しんらいかん》につながった

わたしの両親は、小学校二、三年のころに離婚《りこん》しました。まだ母が染織家《せんしょくか》として活躍《かつやく》する前でしたから、まず母と妹が、実の祖母《そぼ》が住む滋賀県《しがけん》の近江《おうみ》八幡《はちまん》に帰り、わたしは東京で、母の養《よう》父母《ふぼ》と暮《く》らすことになりました。

わたしは、両親ではなくても、だれか一人、自分を心から愛《あい》してくれる、大事にしてくれる人がいれば、子どもはしっかり育つと思っています。

わたしは、養祖父《ようそふ》に愛情《あいじょう》を注がれ、とてもかわいがってもらいました。わたしが、人への信頼感《しんらいかん》がとても強いのは、養祖父《ようそふ》が愛情《あいじょう》深く育ててくれたおかげです。養祖父《ようそふ》の生き方は人生のお手本になっています。

絹糸《きぬいと》を植物から炊《た》き出した濃紺色《のうこんいろ》の液《えき》に浸《つ》け（上の写真）、金属《きんぞく》の銅《どう》を溶《と》かしたお湯に入れて色を定着させる（真ん中の写真）。色ムラがないか、1本1本確認《かくにん》する（下の写真）。

※1 桜守《さくらもり》……桜《さくら》の木の枝《えだ》を折《お》られたり、取られたりしないように番をする人や、桜《さくら》の世話をする人のこと。
※2 三春滝桜《みはるたきざくら》……福島県《ふくしまけん》にある日本三大桜《にほんさんだいざくら》のひとつ。樹齢《じゅれい》千年以上《いじょう》と言われる国の天然記念物《てんねんきねんぶつ》。

日常《にちじょう》を大切にする祖母《そぼ》から自然《しぜん》を味わうことを学ぶ

小学五年生のころ、母の仕事が安定し、家族そろって暮《く》らせるようになりました。家と母の工房《こうぼう》があった近江八《おうみはち》幡《まん》は、夕焼《ゆうや》けがすごくきれいなところなんです。夕日が琵琶湖《びわこ》にかかってくると、祖母《そぼ》が芝生《しばふ》の庭に裸足《はだし》で降《お》りて、「夕焼《ゆうや》けがすごいわよ！　みんな見なさい！」とさけぶの。それが毎日のことだから、まわりはしらけているのだけど、祖母《そぼ》と母は「自然《しぜん》がすごい芸術《げいじゅつ》を見せてくれている！」と、まるで初《はじ》めて夕焼《ゆうや》けを見るように大さわぎしていました。暮《く》らしの中の小さい奇《き》跡《せき》を見逃《みのが》さない姿勢《しせい》は、祖母《そぼ》との暮《く》らしで自然《しぜん》と身についたのだと思います。

波乱万丈《はらんばんじょう》をおそれない苦しい経験《けいけん》も必《かなら》ず糧《かて》になる

わたしは戦後《せんご》すぐの生まれです。いまとくらべると、豊《ゆた》かな環境《かんきょう》ではなかったけれど、みんな生きることに対してすごく意欲的《いよくてき》でした。一方、現在《げんざい》、工《こう》房《ぼう》に来る生徒《せいと》さんの中には、自信《じしん》が持てず、生き方を迷《まよ》っている人もいます。床《とこ》の間《ま》に季節《きせつ》の花を生けたり、神棚《かみだな》をまつったりする、自然《しぜん》とのかかわりや古来からのしきたりが薄《うす》れているせいで、人が脆《もろ》くなっているのでしょうか。目に見えること、科学的《かがくてき》なことも大切ですが、目に見えることの後ろにある心、精神性《せいしんせい》も忘《わす》れてほしくないと思います。

それから、何事にも安心ばかりを求《もと》めないで、「波乱万丈《はらんばんじょう》」をおそれないでください。悲しさだって人生の宝物《たからもの》です。いいことも悪いことも感情《かんじょう》をきちんと味わって、つらいことは「いつか絶対《ぜったい》に糧《かて》になる」と信《しん》じて、くじけないでほしいと思います。

話してハッケン！

わたしはあんまり直感は強くないな。決めたあとに、やっぱり大丈《だいじょう》夫《ぶ》かなって考えちゃう。

アキちゃんは、そういう慎重《しんちょう》なところが長所だもんね。

そっか！　そこを長所だと思えばいいんだね！

他人《ひと》から見ると!?

志村昌司《しむらしょうじ》さん（息子）

母は好奇心《こうきしん》が強く、ヨーロッパの哲学《てつがく》やイスラム文化、キリスト教文化など、幅広《はばひろ》い分野に興《きょう》味《み》を持つ人です。一日に1冊《さつ》本を読むような読書家でもあります。せっかちな性格《せいかく》で、いっしょに出かけるときでも、ぼくが玄関《げんかん》で靴《くつ》をはいている間《あいだ》にどんどん先に歩いて行ってしまいます。

志村《しむら》さんからみなさんへ

つらく悲しいことがあって心が落ち着かないときは、人間以外《いがい》のものにふれ、語り合ってみるといいですよ。道ばたに咲《さ》く花や星空、石ころや動物でもいい。人間だけを見ていると気づけない、自《し》然《ぜん》の美しさが心を癒《いや》してくれるはずです。

宮大工棟梁《みやだいくとうりょう》

小《お》川《がわ》三《みつ》夫《お》さん

長所 自分ではよくわからない

短所 自分ではよくわからない

「人の性格《せいかく》とは環境《かんきょう》によって育つもの」

衝撃的《しょうげきてき》だった法隆寺五重塔《ほうりゅうじごじゅうのとう》との出会い

宮大工《みやだいく》は、寺や神社の建築《けんちく》や、いたんだところの補修《ほしゅう》をするのが仕事です。棟梁《とうりょう》はひとつの寺社で使う材木《ざいもく》の調達《ちょうたつ》をしたり、仕事にかかわる多くの宮大工《みやだいく》をまとめたりします。

わたしが宮大工《みやだいく》になろうと思ったのは、高校二年生の修学《しゅうがく》旅行で奈良県《ならけん》をおとずれ、法隆寺五重塔《ほうりゅうじごじゅうのとう》を見たことがきっかけです。この塔《とう》が、一三〇〇年前に建《た》てられた日本最古《さいこ》の木造建築《もくぞうけんちく》だと知り、はるかむかしに、どうやってこれほどのものをつくりあげたのかと衝撃《しょうげき》を受けました。そして、むかしの人たちがつちかった技術《ぎじゅつ》を学べたらおもしろいだろうなと考えたのです。

プロフィール

1947年栃木県《とちぎけん》生まれ。法輪寺三重塔《ほうりんじさんじゅうのとう》、薬師寺金堂《やくしじこんどう》などの再建《さいこん》に副棟梁《ふくとうりょう》としてかかわったのち、1977年に寺社建築専門《じしゃけんちくせんもん》の会社・鵤工舎《いかるがこうしゃ》を設立《せつりつ》。全国各地《かくち》の寺院の改修《かいしゅう》・再建《さいこん》・新築《しんちく》を手がけながら、多くの弟子《でし》を育てている。

「弟子《でし》たちがみんなここに残《のこ》ってるから、若《わか》い人が育たないんだよね」とぼやきながらも、うれしそうに指導《しどう》する小川《おがわ》さん。

名前を忘《わす》れる失敗《しっぱい》が運よく仕事につながった

わたしは、高校卒業《そつぎょう》の直前に奈良県《ならけん》庁《ちょう》を訪《たず》ねました。「どうしたら宮大工《みやだいく》になれますか」と相談すると、法隆寺《ほうりゅうじ》の西岡楢光《にしおかならみつ》という宮大工《みやだいく》を訪《たず》ねるように言われました。

その足ですぐに法隆寺《ほうりゅうじ》に行き、最初《さいしょ》に会った人に、「西岡《にしおか》さんはいらっしゃいますか?」と聞くと、「どの西岡《にしおか》だ?」と言うのです。「下の名前を忘《わす》れました」と答えると、「西岡《にしおか》はおれだ」と言って話を聞いてくれたのが、わたしの師匠《ししょう》となる西岡楢光《にしおかならみつ》の息子・西岡常一《にしおかつねかず》でした。人生は、こうした失敗《しっぱい》が幸運につながることもあるのです。

とはいえ、すぐに弟子《でし》にしてもらえたわけではありません。「十八歳《さい》ではおそい、十五歳《さい》で来なくては」と言われました。ですが、「どうしてもやる気なら、紹介状《しょうかいじょう》を書いてやるから、大工道具を使えるようになってからまた来なさい」と、文部省《もんぶしょう》(現在《げんざい》の文部科学省《もんぶかがくしょう》)の建造物課《けんぞうぶつか》に紹介状《しょうかいじょう》を書いてくれたのです。それからあちこちを転々《てんてん》としながら、ノミやカンナなどの大工道具の使い方を学び、三年後、西岡常《にしおかつね》一棟梁《かずとうりょう》に弟子《でし》入りがかないました。

試行錯誤《しこうさくご》を楽しんだ子ども時代のものづくり

自分の性格《せいかく》については、長所も短所もよくわかりません。子どものころは、一人でものをつくるのが好《す》きな子でした。鉄くずを拾ってきて鉄砲《てっぽう》をつくったこともありました。ちゃんと火薬が入るようなものです。つくり方なんてわかりませんでしたが、自分で工夫《くふう》してつくっていました。オートバイを改《かい》造《ぞう》して乗り回したりもしました。そんなわたしに、両親は「危《あぶ》ないからやめなさい」などとは言いませんでしたね。

また、祭で御輿《みこし》が来たりすると、部屋に閉《と》じこもっていたことはよく覚《おぼ》えています。みんながワイワイさわいでいるにぎやかな輪《わ》には入りたくない、そんな子どもでした。

何でもできる器用《きよう》さがきらいだった

高校に入ってからは、特定《とくてい》の部活には入らず、今日は野球部、今日は柔道《じゅうどう》部《ぶ》と、いろいろな部活に行って楽しんでいました。自分は器用《きよう》で何でもできると思っている反面、そういう器用《きよう》さがきらいでした。器用《きよう》なぶん、人より習得《しゅうとく》は早いですが、器用《きよう》なだけでは器《き》用《よう》さにおぼれてしまい、深いところまでは到達《とうたつ》できません。かといって、自分とちがう性質《せいしつ》にあこがれても、自分は自分。変《か》われるものではありません。

わたしは器用《きよう》だったり、ものをつくることが好《す》きだったから、宮大工《みやだいく》の仕事を選《えら》んだわけではありません。しいて言うなら、五重塔《ごじゅうのとう》のようなものをつくった知恵《ちえ》へのあこがれ、その技術《ぎじゅつ》を受け継《つ》いでいる師匠《ししょう》への尊敬《そんけい》から、ということになるでしょうか。

人は環境《かんきょう》によって育つもの尊敬《そんけい》できる師匠《ししょう》を選《えら》べ

西岡棟梁《にしおかとうりょう》の下《もと》で学び、独立《どくりつ》したのは三十歳《さい》のときです。いまでも毎日仕事のことを考えるのが一番楽しいのですから、この仕事は自分に合っているのでしょう。ですが、宮大工《みやだいく》に向いている性格《せいかく》というものはないと思います。

わたしはいま、三十人の弟子《でし》をかかえていますが、そうじのしかたを見れ

ヤリガンナは、刃《は》が槍《やり》の形をした、木の表面を薄《うす》く平らに削《けず》る道具。削《けず》った表面は水をはじき、カビが生えにくくなる。

ば、その人の性格《せいかく》がわかります。その人の性格《せいかく》を観察《かんさつ》しながら、どう育てていくかを考えます。わたしも、棟梁《とうりょう》にそうして育ててもらったのだと思います。といっても、棟梁《とうりょう》に「ああしろ」「こうしろ」と言われたことはありません。師匠《ししょう》の伝《つた》え方は、「見て習え」というものでした。

技術《ぎじゅつ》の伝《つた》え方についても同じです。棟梁《とうりょう》がただ一度だけ、わたしの前でカンナを引いてくださったことがあります。弟子《でし》になって三か月たったある日のことでした。それは真綿《まわた》を広げたような、向こうがすけて見える、すばらしいものでした。それをお手本として窓《まど》ガラスに貼《は》って、毎日毎日、カンナを研《と》いでは削《けず》りをくりかえし、修業《しゅぎょう》したものです。

わたしは、棟梁《とうりょう》のそばで、「棟梁《とうりょう》そのものになろう」としていました。人は自分が身を置《お》く環境《かんきょう》や師《し》を見て学び、育ち、変《か》わるものです。だから自分にとって影響力《えいきょうりょく》が大きいと思える師匠《ししょう》につくことは、大事なことなのです。

宮大工《みやだいく》の技術《ぎじゅつ》と伝統《でんとう》を若《わか》い世代へ伝《つた》えたい

仕事を続《つづ》ける中で、性格《せいかく》は必要《ひつよう》に応《おう》じて変化《へんか》していくものでしょう。宮大《みやだい》工《く》だって、ただ自分の仕事に向き合っているだけではありません。寺社の方や、ときには別《べつ》の職人《しょくにん》さんと話すために、外へ出ていかなくてはなりません。

また、講演《こうえん》に呼《よ》ばれることもあります。以前《いぜん》は、そういうことはめんどうくさいと思っていましたが、出かけてみるとおもしろいことがたくさんあるものです。いまは、これまで大きな仕事に立ち会わせてもらった中で身につけた技術《ぎじゅつ》や考え方、宮大工《みやだいく》の伝統《でんとう》を、若《わか》い世代に引き継《つ》いでいくことが、わたしの役目だと素直《すなお》に思っています。

話してハッケン！

ソラ：そうじを見ただけで、その人の性《せい》格《かく》がわかるんだって。どんなことがわかるのかなあ。

ユイ：ていねいにやってるとか、道具を大切にしてるとかかなあ？

そうか。性格《せいかく》は、ふだんの生活にも出てくるってことか。

うん。気づきにくいことにも、その人の個性《こせい》が表れているんだね。おもしろいね！

読んでみよう！

『不揃《ふぞろ》いの木を組む』

小川《おがわ》さんが仕事をする中で考えた、棟梁《とうりょう》と弟子《でし》たちがいっしょに生活する意味や、「人も木材《もくざい》も不揃《ふぞろ》いがいい」という思いを伝《つた》える本。

小川三夫 著／文春文庫

小川《おがわ》さんからみなさんへ

ものをつくるときに役に立つのは、つめこんだ知識《ちしき》よりも「知恵《ちえ》」です。知識《ちしき》を学ぶのには限《かぎ》りがあり、知識以上《ちしきいじょう》のものはできません。でも、知恵《ちえ》は限《かぎ》りなくわいてきます。その知恵《ちえ》を働《はたら》かせるには、ものに素直《すなお》な気持ちで接《せっ》することが大切です。

性格《せいかく》や特徴《とくちょう》を表す言葉・表現《ひょうげん》④

個性《こせい》や人の特徴《とくちょう》を表す言葉・表現《ひょうげん》は、たくさんあります。自分や友達《ともだち》の長所・短所を考えたり、物語の登場人物の性格《せいかく》を考えたりする際《さい》に、参考《さんこう》にしてみましょう。

た

- 第一印象《だいいちいんしょう》がよい
- 大局観《たいきょくかん》がある
- 大勢《たいせい》になびかない
- 対等につきあう
- 対立を避《さ》ける
- 体力がある
- 多角的《たかくてき》に考える
- 妥協《だきょう》しない
- 他言《たごん》しない
- 多趣味《たしゅみ》
- 多数派《たすうは》につく
- 助け合う
- だだをこねる
- 立ち直りが早い
- たてつく
- 他人行儀《たにんぎょうぎ》
- 楽しい
- 頼《たの》もしい
- タフ
- だまされやすい
- 多面的《ためんてき》に考える
- 頼《たよ》りがいがある
- 頼《たよ》りない
- 頼《たよ》れない
- だらしない
- だらだらする
- 他力本願《たりきほんがん》
- 短気
- 探究心《たんきゅうしん》がある
- 単純《たんじゅん》
- 団体《だんたい》行動が苦手
- 単独《たんどく》行動に走る
- 淡白《たんぱく》

ち

- 知性的《ちせいてき》
- 緻密《ちみつ》
- 着想豊《ちゃくそうゆた》か
- ちゃっかりとした
- ちゃめっけのある
- ちゃらい
- チャレンジ精神《せいしん》がある
- ちゃんとした
- 注意深い
- 注意力が散漫《さんまん》
- 中立的《ちゅうりつてき》
- 調子者
- 挑戦的《ちょうせんてき》
- 直線的《ちょくせんてき》
- 直感が鋭《するど》い

つ

- つきあい上手
- 突《つ》き進む
- 突《つ》き詰《つ》める
- つまらない
- 詰《つ》めが甘《あま》い
- 冷《つめ》たい
- 強がり
- 強気

て

- 丁寧《ていねい》
- 適応力《てきおうりょく》がある
- 手際《てぎわ》がいい
- でしゃばり
- 鉄面皮《てつめんぴ》
- 手抜《てぬ》きをする
- デリカシーに欠《か》ける
- 照《て》れ屋《や》
- 天狗《てんぐ》になる
- 天真爛漫《てんしんらんまん》
- 天然《てんねん》

と

- 洞察力《どうさつりょく》が鋭《するど》い
- 堂々《どうどう》としている
- 動物好《ず》き
- 独自性《どくじせい》がある
- 毒舌《どくぜつ》
- 独善的《どくぜんてき》
- 独創的《どくそうてき》
- 独断的《どくだんてき》
- 独特《どくとく》
- 独立心《どくりつしん》が強い
- とげとげしい
- どじ
- とじこもる
- 土壇場《どたんば》に強い
- とっつきにくい
- 努力家《どりょくか》
- 泥《どろ》くさい
- ど忘《わす》れする
- 鈍感《どんかん》
- 貪欲《どんよく》

な

- ナイーブ
- 内向的《ないこうてき》
- 流《なが》されやすい
- 仲間意識《なかまいしき》が強い
- 仲《なか》よくやれる
- 泣《な》き虫
- 投げ出さない
- 情《なさ》け深い
- なびきやすい
- 生意気
- なまけ者
- 涙《なみだ》もろい
- なりゆき任《まか》せ
- ナルシスト
- なれなれしい
- 難局《なんきょく》に強い

※46〜47ページは、自由にコピーしてお使いいただけます。あ行は1巻《かん》「スポーツで輝《かがや》く」に、か行は2巻《かん》「未来をつくる」に、さ行は3巻《かん》「人を楽しませる」に、ま行からわ行は5巻《かん》「いのちを守る」に掲載《けいさい》しております。

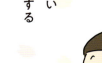

に

苦手意識《いしき》が強い
にぎやか
にくめない
にこやか
ニヒル
鈍《にぶ》い
人間的《にんげんてき》
人情《にんじょう》があつい
忍耐強《にんたいづよ》い

ぬ

抜《ぬ》かりない
抜《ぬ》け目がない

ね

猫《ねこ》をかぶる
ねだり上手
熱《ねっ》しやすく冷《さ》めやすい
ねばり強い
念《ねん》には念《ねん》を入れる

の

能天気《のうてんき》
のびのびした
飲みこみが早い
ノミの心臓《しんぞう》
のめりこむ
ノリがいい
のん気
のんびり

は

場当たり的《てき》
ばか正直
覇気《はき》がない
はじ知らず
はずかしがり屋
はっきりとした
発想豊《ゆた》か
八方美人
派手《はで》
話がうまい
羽目《はめ》を外す
早請《はやう》け合いする
早とちり
早寝《はやね》早起き
はやり物好《ものず》き
反骨精神《はんこつせいしん》がある
判断力《はんだんりょく》がある
反応《はんのう》が早い

ひ

控《ひか》えめ
悲観的《ひかんてき》
引きずらない
引け目を感じる
非情《ひじょう》
非常識《ひじょうしき》
ひたむき
ビッグマウス
引っこみ思案《じあん》
人怖《ひとお》じする
ひとこと多い
他人事《ひとごと》にしない
人騒《ひとさわ》がせ
人とくらべる
人なつっこい
人に左右されない
人見知り
独《ひと》りごとが多い
皮肉屋
ひねくれ者
批判的《ひはんてき》
秘密主義《ひみつしゅぎ》
表情豊《ひょうじょうゆた》か
表裏《ひょうり》がない
ピンチに強い

ふ

無愛想《ぶあいそう》
不安《ふあん》
風評《ふうひょう》を気にしない
不機嫌《ふきげん》
不器用《ぶきよう》
複雑《ふくざつ》
ふさぎこむ
ふざける
不思議《ふしぎ》な
不注意《ふちゅうい》
物欲《ぶつよく》がない
ふてくされる
太っ腹《ぱら》
無難《ぶなん》
不真面目《ふまじめ》
不用心《ぶようじん》
プラス思考
ぶりっ子
無礼《ぶれい》
分析的《ぶんせきてき》
分別《ふんべつ》がある

へ

平和主義《へいわしゅぎ》
へこたれない
べそをかく
へそを曲げる
へた
へたの横好《よこず》き
へらへらする
屁理屈《へりくつ》をこねる
弁《べん》がたつ
勉強家
偏屈《へんくつ》
偏見《へんけん》のない
偏食《へんしょく》

ほ

方向音痴《おんち》
ぼうっとする
包容力《ほうようりょく》がある
放り出す
暴力的《ぼうりょくてき》
ほがらか
ぼけっとする
ポジティブ
保守的《ほしゅてき》
ほったらかし
没頭《ぼっとう》する
ほめ上手
ほれっぽい
本気でやる
本質《ほんしつ》をつく
ぼんやり

このシリーズに登場する人の 人物名五十音順《ごじゅうおんじゅん》さくいん

あ
阿萬野礼央《あまのれお》さん ↓5巻 18ページ
荒木哲郎《あらきてつろう》さん ↓3巻 18ページ
井桁容子《いげたようこ》さん ↓5巻 14ページ
石川祐希《いしかわゆうき》さん ↓1巻 14ページ
磯野謙《いそのけん》さん ↓2巻 34ページ
伊藤博之《いとうひろゆき》さん ↓2巻 18ページ
井本直歩子《いもとなおこ》さん ↓5巻 30ページ
井山裕太《いやまゆうた》さん ↓4巻 6ページ
植田育也《うえたいくや》さん ↓5巻 6ページ
大神雄子《おおがゆうこ》さん ↓1巻 38ページ
大久保有加《おおくぼゆか》さん ↓4巻 30ページ
大前光市《おおまえこういち》さん ↓3巻 26ページ
小川三夫《おがわみつお》さん ↓4巻 42ページ
尾上松也《おのえまつや》さん ↓4巻 22ページ

か
垣内俊哉《かきうちとしや》さん ↓2巻 22ページ
柏原竜二《かしわばらりゅうじ》さん ↓1巻 26ページ
片桐《かたぎり》はいりさん ↓3巻 30ページ
加藤祐一《かとうゆういち》さん ↓5巻 22ページ
上川《かみかわ》あやさん ↓2巻 26ページ
川上和人《かわかみかずと》さん ↓2巻 42ページ
木村敬一《きむらけいいち》さん ↓1巻 22ページ
倉橋香衣《くらはしかえ》さん ↓1巻 30ページ
栗山英樹《くりやまひでき》さん ↓1巻 6ページ
黒﨑伸子《くろさきのぶこ》さん ↓5巻 34ページ
小岩井《こいわい》カリナさん ↓4巻 34ページ

さ
里見香奈《さとみかな》さん ↓4巻 10ページ
志村洋子《しむらようこ》さん ↓4巻 38ページ
末次由紀《すえつぐゆき》さん ↓3巻 10ページ
妹島和世《せじまかずよ》さん ↓2巻 30ページ

た
髙梨沙羅《たかなしさら》さん ↓1巻 10ページ
高橋智隆《たかはしともたか》さん ↓2巻 10ページ
立川志《たてかわし》らくさん ↓4巻 26ページ
田中佑典《たなかゆうすけ》さん ↓1巻 18ページ
田村恵子《たむらけいこ》さん ↓5巻 10ページ
千野麻里子《ちのまりこ》さん ↓4巻 18ページ
塚田真希《つかだまき》さん ↓1巻 42ページ
津森千里《つもりちさと》さん ↓3巻 38ページ
徳田竜之介《とくだりゅうのすけ》さん ↓5巻 38ページ

な
中西和嘉《なかにしわか》さん ↓2巻 14ページ
根本《ねもと》かおるさん ↓5巻 26ページ

は
日野之彦《ひのこれひこ》さん ↓3巻 42ページ
ヒヤダインさん ↓3巻 6ページ
廣瀬隆喜《ひろせたかゆき》さん ↓1巻 34ページ
広津崇亮《ひろつたかあき》さん ↓2巻 38ページ
ぺえさん ↓3巻 22ページ

ま
御園井裕子《みそのいゆうこ》さん ↓4巻 14ページ
三《み》ツ橋敬子《つはしけいこ》さん ↓3巻 14ページ
南海音子《みなみみねこ》さん ↓2巻 6ページ

や
山口勝平《やまぐちかっぺい》さん ↓3巻 34ページ

わ
和田博幸《わだひろゆき》さん ↓5巻 42ページ

このシリーズに登場する人の 職業名《しょくぎょうめい》五十音順《ごじゅうおんじゅん》さくいん

あ
アニメーション監督《かんとく》 ↓3巻 18ページ
囲碁棋士《いごきし》 ↓4巻 6ページ
ウィルチェアーラグビー選手《せんしゅ》 ↓1巻 30ページ
織物職人《おりものしょくにん》 ↓4巻 34ページ
音楽クリエイター ↓3巻 6ページ

か
画家 ↓3巻 42ページ
化学者 ↓2巻 14ページ
花道家《かどうか》 ↓4巻 30ページ
歌舞伎俳優《かぶきはいゆう》 ↓4巻 22ページ
看護師《かんごし》 ↓5巻 10ページ
機動救難士《きどうきゅうなんし》 ↓5巻 18ページ
経営者《けいえいしゃ》 ↓2巻 22ページ
建築家《けんちくか》 ↓2巻 30ページ
国際《こくさい》NGO《エヌジーオウ》メンバー ↓5巻 34ページ
国連職員《こくれんしょくいん》 ↓5巻 26ページ

さ
指揮者《しきしゃ》 ↓3巻 14ページ
自然《しぜん》エネルギー開発《かいはつ》 ↓2巻 34ページ
実業家 ↓2巻 18ページ
獣医師《じゅういし》 ↓5巻 38ページ
柔道家《じゅうどうか》 ↓1巻 42ページ
樹木医《じゅもくい》 ↓5巻 42ページ
小児科医師《しょうにかいし》 ↓5巻 6ページ
女流棋士《じょりゅうきし》 ↓4巻 10ページ
スキージャンプ選手《せんしゅ》 ↓1巻 10ページ
声優《せいゆう》 ↓3巻 34ページ
染織家《せんしょくか》 ↓4巻 38ページ

た
体操選手《たいそうせんしゅ》 ↓1巻 18ページ
タレント ↓3巻 22ページ
ダンサー ↓3巻 26ページ
地方議員《ちほうぎいん》 ↓2巻 26ページ
鳥類学者《ちょうるいがくしゃ》 ↓2巻 42ページ
杜氏《とうじ》 ↓4巻 18ページ

は
ハイパーレスキュー隊員《たいいん》 ↓5巻 22ページ
俳優《はいゆう》 ↓3巻 30ページ
パラ水泳選手《せんしゅ》 ↓1巻 22ページ
ファッションデザイナー ↓3巻 38ページ
プロバレーボール選手《せんしゅ》 ↓1巻 14ページ
プロ野球監督《かんとく》 ↓1巻 6ページ
ボッチャ選手《せんしゅ》 ↓1巻 34ページ

ま
マンガ家 ↓3巻 10ページ
宮大工棟梁《みやだいくとうりょう》 ↓4巻 42ページ
元プロバスケットボール選手《せんしゅ》 ↓1巻 38ページ
元保育士《ほいくし》 ↓5巻 14ページ
元陸上競技選手《りくじょうきょうぎせんしゅ》 ↓1巻 26ページ

や
ユニセフ職員《しょくいん》 ↓5巻 30ページ

ら
落語家《らくごか》 ↓4巻 26ページ
理学博士《りがくはくし》 ↓2巻 38ページ
ロケット開発者 ↓2巻 6ページ
ロボットクリエイター ↓2巻 10ページ

わ
和菓子職人《わがししょくにん》 ↓4巻 14ページ

監修 **田沼 茂紀**（たぬま・しげき）

新潟県生まれ。上越教育大学大学院学校教育研究科修了。國學院大學人間開発学部長。専攻は道徳教育、教育カリキュラム論。川崎市公立学校教諭を経て、高知大学教育学部助教授、同学部教授、同学部附属教育実践総合センター長。2009 年より國學院大學人間開発学部初等教育学科教授。2017 年 4 月より現職。日本道徳教育学会理事、日本道徳教育方法学会理事、日本道徳教育学会神奈川支部長。

おもな単著、『心の教育と特別活動』、『道徳科で育む 21 世紀型道徳力』（いずれも北樹出版）。

その他の編著、『やってみよう！新しい道徳授業』（学研教育みらい）、『「特別の教科道徳」授業＆評価完全ガイド』（明治図書出版）、『道徳科授業のつくり方』（東洋館出版社）、『道徳科授業のネタ＆アイデア 100』小学校編・中学校編（明治図書出版）など多数。

●**編集・制作**　株式会社スリーシーズン
●**写　真**　大野真人／川瀬典子／佐藤昌也／ masaco
●**写真協力**　公益財団法人日本棋院／株式会社幻冬舎／公益社団法人日本将棋連盟／辰巳出版株式会社／松竹株式会社／株式会社ワタナベエンターテインメント／株式会社ソニー・ミュージックダイレクト／株式会社汐文社／都機工房／株式会社文藝春秋
●**取材協力**　公益財団法人日本棋院／公益社団法人日本将棋連盟／松竹株式会社／株式会社ワタナベエンターテインメント
●**表紙イラスト**　ヤマネアヤ
●**本文イラスト**　にしぼりみほこ
●**執　筆**　粟生こずえ／伊藤 睦／久保田説子（株式会社これから）／白柳里佳
●**装丁・デザイン**　金井 充／伏見 藍（Flamingo Studio,Inc.）

個性ハッケン！
50人が語る長所・短所
4．伝統に生きる

発　行	2018 年 9 月　第 1 刷
監　修	田沼 茂紀
発行者	長谷川 均
編　集	松原 智徳
発行所	株式会社　ポプラ社 〒 160-8565　東京都新宿区大京町 22-1 電話　03-3357-2212（営業）　03-3357-2635（編集） ホームページ　www.poplar.co.jp
印刷・製本	共同印刷株式会社

ISBN 978-4-591-15984-2　N.D.C.159　48p　27cm　Printed in Japan
●落丁本・乱丁本は送料小社負担にてお取り替えいたします。小社製作部にご連絡下さい。
電話 0120-666-553　受付時間は月～金曜日、9：00 ～ 17：00（祝日・休日は除く）
●読者の皆様からのお便りをお待ちしております。いただいたお便りは、制作者にお渡しいたします。

全《ぜん》5巻《かん》

個《こ》性《せい》ハッケン!

―50人《にん》が語《かた》る長所《ちょうしょ》・短所《たんしょ》―

監修 田沼茂紀

❶ スポーツで輝《かがや》く

プロ野球監督《やきゅうかんとく》、スキージャンプ選手《せんしゅ》、
プロバレーボール選手《せんしゅ》、体操選手《たいそうせんしゅ》 など

❷ 未来《みらい》をつくる

ロケット開発者《かいはつしゃ》、ロボットクリエイター、
化学者《かがくしゃ》、実業家《じつぎょうか》 など

❸ 人《ひと》を楽《たの》しませる

音楽《おんがく》クリエイター、マンガ家《か》、指揮者《しきしゃ》、
アニメーション監督《かんとく》 など

❹ 伝統《でんとう》に生《い》きる

囲碁棋士《いごきし》、女流棋士《じょりゅうきし》、和菓子職人《わがししょくにん》、
杜氏《とうじ》、歌舞伎俳優《かぶきはいゆう》 など

❺ いのちを守《まも》る

小児科医師《しょうにかいし》、看護師《かんごし》、元保育士《もとほいくし》、
機動救難士《きどうきゅうなんし》 など

★小学中学年以上向け　★オールカラー
★ AB判　★各 48P　★ N.D.C.159
★図書館用特別堅牢製本図書